本书受到甘肃省哲学社会科学重大研究基地"民族地区经济社会发展研究中心"、西北民族大学引进人才科研项目（xbmuyjrc202205）、西北民族大学科研创新团队项目"投资管理"以及中央高校基本科研业务费重大需求培育项目（31920220152）的资助

产业协同集聚的经济效应研究

以长三角城市群生产性服务业与制造业为例

A STUDY ON THE ECONOMIC EFFECTS OF
INDUSTRIAL SYNERGISTIC AGGLOMERATION

A CASE STUDY OF THE PRODUCER SERVICES AND
MANUFACTURING INDUSTRIES OF THE YANGTZE
RIVER DELTA URBAN AGGLOMERATION

刘宏霞　著

中国社会科学出版社

图书在版编目（CIP）数据

产业协同集聚的经济效应研究：以长三角城市群生产性服务业与制造业为例/刘宏霞著. —北京：中国社会科学出版社，2022.6
ISBN 978-7-5227-0603-0

Ⅰ.①产… Ⅱ.①刘… Ⅲ.①长江三角洲—城市群—产业集群—研究 Ⅳ.①F269.275

中国版本图书馆 CIP 数据核字（2022）第 133555 号

出 版 人	赵剑英
责任编辑	张玉霞　刘晓红
责任校对	周晓东
责任印制	戴　宽

出　　版	中国社会科学出版社
社　　址	北京鼓楼西大街甲 158 号
邮　　编	100720
网　　址	http://www.csspw.cn
发 行 部	010－84083685
门 市 部	010－84029450
经　　销	新华书店及其他书店
印　　刷	北京君升印刷有限公司
装　　订	廊坊市广阳区广增装订厂
版　　次	2022 年 6 月第 1 版
印　　次	2022 年 6 月第 1 次印刷
开　　本	710×1000　1/16
印　　张	13.25
插　　页	2
字　　数	188 千字
定　　价	68.00 元

凡购买中国社会科学出版社图书，如有质量问题请与本社营销中心联系调换
电话：010－84083683
版权所有　侵权必究

目 录

第一章 绪论 ·· 1

 第一节 选题背景及研究意义 ······························ 1

 第二节 核心概念与研究范围 ······························ 7

 第三节 研究思路、内容及方法 ···························· 10

 第四节 存在的创新 ······································ 15

第二章 文献综述与理论基础 ···································· 17

 第一节 文献综述 ·· 17

 第二节 理论基础 ·· 31

 第三节 理论分析框架 ···································· 40

第三章 长三角城市群产业协同集聚水平测度 ···················· 42

 第一节 长三角城市群生产性服务业与制造业发展的
特征性事实 ·· 42

 第二节 长三角城市群生产性服务业与制造业协同集聚
测度 ·· 51

 第三节 长三角城市群生产性服务业与制造业协同集聚的
空间格局 ·· 63

 第四节 本章小结 ·· 70

第四章　产业协同集聚的经济增长效应 …… 72

　　第一节　产业协同集聚影响经济增长的作用机理 …… 73
　　第二节　产业协同集聚影响经济增长的空间效应 …… 79
　　第三节　产业协同集聚影响经济增长的门槛效应 …… 96
　　第四节　本章小结 …… 107

第五章　产业协同集聚的产业结构升级效应 …… 108

　　第一节　产业协同集聚影响产业结构升级的作用机理 …… 109
　　第二节　产业协同集聚影响产业结构升级的空间溢出
　　　　　　效应 …… 114
　　第三节　产业协同集聚影响产业结构升级的门槛效应 …… 127
　　第四节　本章小结 …… 141

第六章　产业协同集聚与地区收入差距 …… 143

　　第一节　产业协同集聚影响地区收入差距的作用机理 …… 145
　　第二节　产业协同集聚影响地区收入差距的空间溢出
　　　　　　效应 …… 147
　　第三节　产业协同集聚影响地区收入差距的门槛效应 …… 160
　　第四节　本章小结 …… 169

第七章　主要结论与政策建议 …… 171

　　第一节　主要结论 …… 171
　　第二节　政策建议 …… 174
　　第三节　研究展望 …… 179

参考文献 …… 181

第一章 绪 论

第一节 选题背景及研究意义

一 选题背景

国际金融危机爆发以来，中国经济的增长与发展动力、结构、收入分配等正经历着深刻的变化，表现出新的特征：其一，经济由高速增长转为中高速增长。1978—2011年，中国GDP年均增长速度达到10%。2012年开始，在短期波动与增速持续下滑的双重作用下经济增长速度呈下降趋势，GDP增长速度由两位数下降至一位数，2016年GDP增长速度仅为6.7%[①]，是自20世纪90年代以来的最低水平，这表明中国经济高速增长的时代已经结束，开始进入中高速增长的"换挡期"。其二，第三产业比重持续增长，但服务业内部结构升级滞后。1978年改革开放以来，我国大力扶持发展以制造业为核心的第二产业，建立起门类齐全、独立完整的制造业工业体系，工业产品中有220多种产量位居世界第一[②]。2006年，第

[①] 中国统计局：《中国统计年鉴（2018）》，中国统计出版社2018年版。
[②] 李国斌：《中国220种工业产品产量居世界第一》，人民网，http://finance.people.com.cn/n1/2015/1218/c1004-27947503.html，2015年12月18日。

二产业产值在 GDP 中所占比重达到了 47.6%，之后开始持续下降。与此同时，以服务业为主的第三产业在 GDP 中所占比重持续上升，2012 年第三产业产值所占比重超过第二产业比重，2016 年第三产业产值占比达到了 51.6%，成为我国经济发展的新动力，产业结构呈现出逐步向以服务业为核心的第三产业转变的趋势。但是，第三产业内部结构提升并不显著。2004—2016 年，生产性服务业增加值占第三产业的比重由 36.12% 增长至 39.17%，仅增长 3.05 个百分点。服务业发展的状况与西方发达国家"四个 70%"的标准相去甚远（余泳泽、潘妍，2019）。其三，居民收入差距扩大态势依然严峻。2015 年，随着人均国内生产总值首次超过 8000 美元大关，中国正式进入中等收入国家的行列。但是，居民收入差距整体呈现扩大趋势，这对提高居民消费水平和改善经济增长质量产生了不利影响。

由图 1-1 可以看出，2003—2016 年中国居民人均可支配收入基尼系数均超过 0.4 的国际警戒线，2008 年达到了最大值 0.491[①]。这说明全体居民并没有平等分享中国经济高速增长所带来的社会福利。

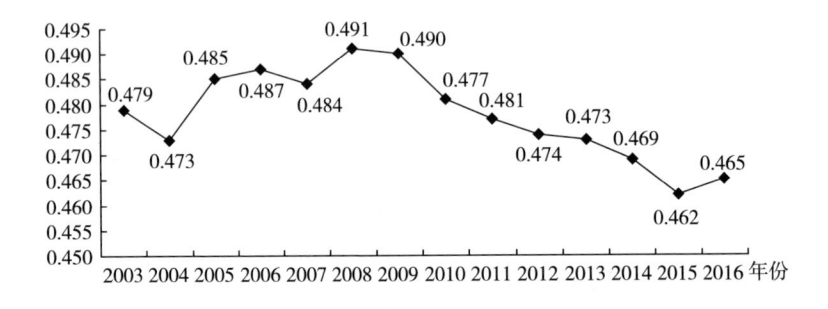

图 1-1 2003—2016 全国居民人均可支配收入基尼系数

[①] 中国统计局：《2003—2016 年全国居民人均可支配收入基尼系数》，http://www.stats.gov.cn/ztjc/zdtjgz/yblh/zysj/t20171010_1540710.html，2017 年 10 月 10 日。

第一章
绪论

　　面对经济增长减速、产业结构升级滞后、收入分配失衡等一系列问题，中国政府高度重视。2012年党的十八大报告指出，为了适应国内外经济形势的新变化，应该立足提高质量和效益来转变经济发展方式。通过构建现代产业发展新体系，将现代服务业作为带动经济发展的新动力。在产业结构优化升级方面，应加快传统产业的转型升级，推动服务业特别是现代服务业的快速发展。居民收入分配方面，深化收入分配制度改革，实施两个"同步"方针，在促进结构优化、提高经济增长质量的过程中，更加注重"国富民强"。同时，还强调了收入分配应该兼顾效率和公平，要更加注重公平。2017年党的十九大报告再次明确指出，我国经济已由高速增长阶段转向高质量发展阶段，处在转变发展方式、优化经济结构、转换增长动力的关键期。产业结构优化升级方面，在继续深化供给侧结构性改革的基础上，注重建设科技创新、实体经济、现代金融协同发展的产业体系。居民收入分配方面，明确阐述了扩大中等收入群体等关系国民收入增长及其分配结构的关键问题。因此，如何转变经济发展方式实现产业优化升级、缩小居民收入差距、保持经济持续稳定增长已经成为社会各界亟待研究的学术命题。

　　与此同时，2008年国际金融危机的爆发使西方发达国家重新审视20世纪80年代提出的"去工业化"战略，该战略的提出标志着发达国家进入了以服务经济与虚拟经济为特征的后工业化时代，制造业与生产性服务业相分离，服务业迅猛发展，制造业则蜂拥外迁（杨丽花、张美娟，2013）。经济服务化为发达国家经济增长带来新动力的同时，也形成了经济危机爆发的隐患。因此，国际金融危机之后，西方发达国家提出的"再工业化"战略，不是简单的传统制造业的回归，而是基于新的发展阶段，旨在推动制造业与生产性服务业协同发展提升经济增长质量的谋国之举。以美国为首的西方发达国家提出的"制造业回归"政策，也引发了理论界对于产业协同发展的研究热潮。

　　改革开放以来，我国制造业呈现出快速增长的势头。2010年中国制造业在全球占比达到 19.8%①,自此中国制造业增加值在超过日本和美国之后成为世界第一制造业大国。2016 年中国制造业增加值达到 21.43 万亿元,GDP 占比达到 28.82%,制造业在我国国民经济中占据着重要地位,标志着我国国际竞争力与国家综合实力的增强,也决定了中国在经济全球化格局中的国际分工地位。随着我国国民经济向服务型经济的转型,基于专业化分工从制造业部门分离出来的生产性服务业,通过技术溢出、产业关联等方式降低了制造业的交易成本和商务成本,从而提高了制造业的专业化水平和生产效率。由于生产性服务业在提升产业结构、促进区域经济高质量发展的过程中发挥着日益重要的作用,《中华人民共和国国民经济和社会发展第十三个五年规划纲要》和 2014 年中央政府制定的《关于加快发展生产性服务业促进产业结构调整升级的指导意见》都明确指明要深化产业专业化分工、加快生产性服务业与制造业的融合,这说明我国产业结构将由制造业单一驱动向制造业与服务业双向驱动的转换。因此,制造业与生产性服务业的协同发展与集聚将成为经济增长"换挡期"的发展新动力,也是实现产业优化升级、缩小居民收入差距、保持经济持续稳定增长的重要途径。

从长三角地区自身来看,制造业与生产性服务业协同集聚发展是实现长三角地区创新发展、转型升级的必然选择。2018 年,习近平总书记在首届"进博会"开幕式上指出,中国将继续扩大金融业、服务业、制造业等领域的对外开放。长三角地区作为我国改革开放的重要窗口,也是促进我国经济发展的重要引擎之一。面对金融危机爆发以来国际国内复杂的经济环境,长三角地区正经历着"创新驱动、转型发展"的关键历史时期,过去以追求数量扩张为目标的粗放型经济增长方式已无法适应新的经济形势,如何促进经济转型升级、培育潜在经济增长点以促进长三角地区经济的率先转

---

① 苏波:《深入推进制造业高质量发展 坚定不移建设制造强国》,新浪财经网,https://finance.sina.com.cn/roll/2019-03-08/doc-ihsxncvh0851247.shtml,2019 年 3 月 11 日。

型，是目前学术界急需解决的问题。长三角地区经济的持续增长与该地区形成的产业集聚密切相关，该地区形成的产业集群数量和规模，在全国居于遥遥领先的地位。早在2003年，浙江省制造业产业集群创造的总产值已经达到1万亿元人民币，在全省制造业中占比为50%。产业集聚促进了该地区专业化要素的规模供给，通过生产自身增长的累积优势带来生产活动递增的规模报酬，从而实现了经济的持续增长。但是，不能忽视的是，因专业化而发生的制造业集聚受到资源和环境的制约出现"非经济性"，传统制造业发展遭遇"瓶颈"，制造业集聚也成为引起长三角地区产业结构趋同和过度竞争的重要原因之一，从而使该地区制造业仍处于全球价值链的中低端，产品附加价值不高，产业发展后劲不足。面对优势与问题，在经济全球化、区域一体化的背景下，长三角应该紧紧抓住产业融合发展的趋势，充分利用长三角地区雄厚的产业基础、便利的要素流动渠道、密集的科技资源等优势，促进制造业与生产性服务业的协同集聚，实现产业结构优化升级和区域经济的可持续增长。

二 研究意义

产业集聚是产业在地缘上发展演化的重要表现，国内外学者对此现象的研究形成了大量丰富的研究成果。从新古典经济学鼻祖——马歇尔提出的外部经济理论，到新经济地理学创始人——克鲁格曼提出的中心—外围理论都为产业集聚问题的研究提供了完整而成熟的理论框架。产业协同集聚作为产业集聚研究的拓展与深化，其概念最早是由 Ellison 和 Glaeser（1997）提出，其更加关注的是不同产业间集聚的内在联系。Venables（1996）基于"需求关联"和"成本关联"两个维度建立的垂直关联产业集聚模型为产业协同集聚的研究提供了重要的理论框架。综观已有研究文献，大多都以制造业或生产性服务业单个产业集聚为研究视角，尤其以制造业集聚及其内部协同集聚的研究居多。但是，在发达国家提出"再工业化"战略以及我国服务经济日趋明显的背景下，对服务业与制造业协同集聚的研究明显不足，未能形成系统而完整的理论分析框架，在一定程度上限制了产业集聚理论向纵深发展。本书以生产性服务业与制造业协同集聚的视角审视其在中国特定时期的经济效应，具体从经济增长、产业结构升级、居民收入差距三个方面研究产业协同集聚的经济效应。长三角地区已经形成了规模庞大的制造业集聚区，同时随着生产性服务业的快速发展、集聚趋势日益明显，形成了特有的产业协同集聚现象。因此，本书通过深入考察长三角地区制造业与生产性服务业协同集聚对破解经济发展面临困境的可行性和有效性，探寻产业协同集聚促进经济转型的新路径，拓展和丰富产业集聚理论的研究成果，具有一定的理论价值和意义。

目前，在我国区域经济发展过程中，已经形成了依托中心城市带动周边城市以及区域经济增长的"中心—外围"城市群发展格局。由于在区位、要素及产业分布方面具有的优势，中心城市更易于形成生产性服务业集聚区，而制造业则因为成本以及与生产性服务业的产业关联性，集聚分布在中心城市的边缘。长三角地区以上海市为核心城市，生产性服务业集聚趋势日益明显，且集聚水平高于全国平均水平。集聚区内的企业向先进制造业和现代服务企业提供高级化的复合产品和相关服务，促使服务业与制造业之间形成了协同定位与协同集聚的嵌入机制。因此，以长三角地区为研究对象，在探寻制造业与生产性服务业协同集聚的经济效应过程中，围绕经济发展存在的问题和矛盾，紧密结合长三角地区的实际情况，从不同角度分析制造业与生产性服务业协同集聚对经济发展的作用机理和影响效应，提出产业协同集聚推动经济可持续发展的政策建议，为长三角地区地方政府实施"双轮驱动"促进该地区经济稳定持续发展的政策措施提供科学有效的决策依据，这无疑具有重要的现实意义。与此同时，长三角地区是世界六大城市群之一，也是我国最发达的三大城市群之一，其凭借优越的地理区位、雄厚的产业基础和富余的人力资源等引领中国经济发展的方向。产业结构调整、经济增长方式转变是目前国内社会各界关注的热点，长三角地区产业协同集聚经济效应的研究也为国内其他区域提供了一定的借鉴和参考。

第二节 核心概念与研究范围

一 核心概念界定

（一）制造业

又称为制造工业，是对制造资源（包括采掘的自然物质资源和工农业生产的原材料）进行加工和再加工，使其经过一系列物理变化或化学变化后，形成可供人们使用的工业产品和生活消费品的行业。制造业是第二产业的重要构成部分，也是国民经济的支撑产业，为国民经济发展提供物质技术基础，其发展程度体现了一个国家的综合实力和综合竞争力。我国的制造业已经形成了门类齐全、规模庞大的体系。根据《国民经济行业分类（GB/T4754—2017）》，制造业涵盖的是13—43代码行业。

（二）生产性服务业

美国学者 Greenfield（1996）首次提出了生产性服务业（producer services）的概念，认为该产业主要向生产者提供非最终类服务，其作为"催化器"在经济发展中发挥着至关重要的作用[1]。美国学者 Browning 和 Singelmann（1975）进一步指出生产性服务业具备知识密集性和专业性的特征，如金融、保险、咨询、法律知识等[2]。目前，学术界对于生产性服务业的内涵界定形成了两种观点：第一种是基于产业关联性的角度认为，生产性服务业是向产品的生产者提供产品和服务非最终消费服务的行业，由制造业经过专业化分工而内生出来的不可替代的新兴产业（Grubel 和 Wailer，1989；

---

[1] Greenfield, H. I., *Manpower and the Growth of Producer Services*, New York: Columbia University Press, 1966.

[2] Browing, H. L. and Singelmann, J., *The Emergence of a Service Society: Demographic and Sociological Aspects of the Sector Transformation of the Labor Force in the U. S. A.*, Washington D. C.: U. S. Department of Labor Manpower Adiminiatration Office of Research and Development, 1975.

侯学钢，1997；钟韵、闫小培，2005；韩德超、张建华，2008）；第二种是基于产业性质的角度认为，生产性服务业本身依然属于服务业的范畴，同时具有知识、技术密集性的特点（Machilup，1962；段杰、阎小培，2003；裴长洪、彭磊，2008；杨仁发，2013）。因此，在综合既有研究文献的基础上，本书认为生产性服务业就是向生产产品或提供服务的其他产业部门提供中间需求的服务行业，具有知识密集型和专业化的特征。

（三）产业集聚与产业协同集聚

1. 产业集聚

英国经济学家马歇尔（1890）最早研究了特定地区专业化产业集聚的现象，他认为大量属性相似企业集聚在特定地区的原因在于能更好地获取外部经济产生的益处。其他学者基于不同的研究角度对产业集聚进行了积极的探讨，对其内涵形成的一致观点是：第一，产业集聚是产业发展相关的所有要素在地理空间上的集聚现象；第二，产业集聚的主体包括相关联企业、中介服务与科研创新机构等，彼此形成相互竞争与合作的关系。

2. 产业协同集聚

Ellison 和 Glaeser（1997）最早提出了协同集聚的概念，两位学者认为除了单一产业在地理空间上形成集聚现象外，多个关联产业之间在空间上也存在集聚现象。因此，协同集聚更加关注的是不同关联产业之间的内在联系。国内学者还将其表述为共同集聚、协同定位等。目前，研究协同集聚的文献大致包括两个方面：第一，存在水平关联产业之间的协同集聚，如制造业内部不同行业间的协同集聚、生产性服务业内部不同行业间的协同集聚；第二，存在垂直关联产业之间的协同集聚，如制造业与生产性服务业协同集聚。本书主要针对制造业与生产性服务业协同集聚展开研究。

二 研究范围

（一）区域范围

本书研究的范围确定为长三角洲地区。自1982年，国务院首次提出长江三角洲（以下均简称长三角）的概念以来，长三角的区域范围一直都在变动。1982年，国务院确定的长三角地区主要包括：上海、苏州、无锡、常州、南通、杭州、嘉兴、湖州、宁波、绍兴十个城市。1992年，长三角城市协调办主任联席会成立，确立长三角地区为14个城市。1996年随着扬州市划分为扬州和泰州，长三角地区扩充为15个城市。2003年，浙江台州市纳入长三角范围。《长三角洲区域规划纲要（2005）》《全国主体功能区规划（2010）》《长三角洲地区区域规划（2010）》均将传统的16市确定为长三角地区核心区。2010年，长三角经济协调委员会将安徽省（6市）纳入长三角范围。2013年，长三角地区扩充到30个城市。

本书依据2016年《长江三角洲城市群发展规划（2016—2020）》确定研究区域。即以上海市、江苏省（9市）、浙江省（8市）和安徽省（8市）共26个城市为长三角区域，国土面积21.17万平方公里[①]。

（二）产业范围

尽管生产性服务业的内涵已有了明晰的认识，但是关于生产性服务业的分类还未形成统一的共识。原因在于不同国家和地区的行业分类方法及统计口径存在差异，导致学者基于不同研究方法划分的生产性服务业范畴存在一定差异性，Daniels（1982）采用排除法，Goodman（2002）采用中间需求率（超过60%）界定了不同的生产性服务业范畴。目前，国内存在着不同的生产性服务业产业划分类型（见表1-1）。借鉴已有文献的研究成果，本书确定的生产性服务业包括：交通运输、仓储和邮政服务业，金融服务业，房地产业，租赁和商务服务业，信息传输、计算机服务和软件业，科学研究、技术服务和地质勘查业。

[①] 长三角地区26个城市包括：上海市；浙江省（杭州、宁波、嘉兴、湖州、绍兴、金华、舟山、台州）；江苏省（南京、无锡、常州、苏州、南通、盐城、扬州、镇江、泰州）；安徽省（合肥、芜湖、马鞍山、铜陵、安庆、滁州、池州、宣城）。

表 1-1　　　　　　　　生产性服务业范围界定

学者	生产性服务业范围
顾乃华（2011） 杨仁发（2013）	交通运输、仓储和邮政服务业，租赁和商务服务业，金融服务业，信息传输、计算机服务和软件业，科学研究、技术服务和地质勘查业
江曼琦（2014） 席强敏（2015）	交通运输、仓储和邮政服务业，租赁和商务服务业，金融服务业，信息传输、计算机服务和软件业，科学研究、技术服务和地质勘查业，房地产业
豆建民（2016） 于斌斌（2016）	交通运输、仓储和邮政服务业，租赁和商务服务业，金融服务业，信息传输、计算机服务和软件业，科学研究、技术服务和地质勘查业，房地产业，批发零售业
陈晓峰（2014）	交通运输、仓储和邮政服务业，租赁和商务服务业，金融服务业，信息技术和计算机服务、软件业，科学研究、技术服务和地质勘查业，房地产业，批发零售业，水利环境和公共设施管理
陈建军（2009）	交通运输、仓储和邮政服务业，租赁和商务服务业，金融服务业，信息技术和计算机服务、软件业，科学研究、技术服务和地质勘查业，房地产业，居民服务和其他服务，教育
王琢卓（2013）	电力煤气供水，建筑，交通运输、仓储和邮政服务业，租赁和商务服务业，金融服务业，信息传输、计算机服务和软件业，科学研究、技术服务和地质勘查业，批发零售业，水利环境和公共设施管理

第三节　研究思路、内容及方法

一　研究思路与逻辑架构

本书从长三角城市群生产性服务业与制造业发展的特征性事实出发，进一步采用产业协同集聚测度指标对制造业与生产性服务业协同集聚水平进行测度，并分析和考察了长三角城市群产业协同集聚的空间格局，以此为基础，结合理论分析与实证检验探究长三角城市群产业协同集聚的经济效应。产业协同集聚作为产业集聚的高级阶段，既体现了产业间紧密的技术关联和经济关联，又可以发挥产业集聚的外部效应，生产性服务业与制造业协同集聚的经济效应体现在多个方面。首先，从经济发展层面来看，经济增长与产业结构变动是构成地区经济发展的两个方面，经济增长体现的是地区经济发展"量"的扩张，反映了总体规模的变化；产业结构变动体现的是地区经济发展"质"的演化，反映了生产组织经济技术联系的变化，也是影响产出和效益的重要因素。因而，产业协同集聚最基本的经济效应表现为经济增长效应和产业结构升级效应。同时，产业结构变动与经济增长均体现着地区经济的不平衡，而地区经济发展的不平衡是导致地区收入差距的重要原因之一。空间集聚理论指出产业集聚的外部性对地区收入产生影响，那么产业协同集聚在影响产业升级和经济增长的同时，也为缓解地区收入差距提供了新方向。因此，本书结合理论分析和实证检验分别考察产业协同集聚的经济增长效应、产业结构升级效应和地区收入差距。

二 研究内容与技术路线

本书以产业协同集聚的研究文献和相关理论为基础，分析了产业协同集聚影响经济增长、产业结构升级及地区收入差距的内在作用机理，通过对长三角城市群制造业与生产性服务业协同集聚发展特点的把握，以空间计量模型和面板门槛回归模型为主要研究方法，实证分析了制造业与生产性服务业协同集聚对经济增长、产业结构升级以及地区收入差距的影响效应。在此基础上，以理论分析和实证分析为基础提出了促进生产性服务业与制造业协同集聚发展的政策建议。其中主要研究内容如下：

第一部分为文献综述与理论基础，通过制造业与生产性服务业协同集聚的国内外相关研究，从产业关联理论、外部性理论、价值链理论、新经济地理理论、产业协同理论、经济增长理论六个方面梳理和总结了本书的理论分析框架，为后续具体分析产业协同集聚经济效应的作用机理打下基础。

第二部分为长三角城市群产业协同集聚的测度与分析。从产业规模及产业结构的角度，分析了长三角城市群制造业与生产性服务业的发展现状；通过测度制造业与生产性服务业协同集聚的发展水平，把握长三角城市群产业协同集聚的基本特征事实；从空间布局和空间效应的角度，分析了长三角制造业与生产性服务业协同集聚的空间特征。

第三部分为产业协同集聚的经济增长效应。在产业协同集聚影响经济增长作用机理的研究基础上，通过运用空间计量经济学方法，将长三角各城市之间区域发展的相互作用纳入模型，实证分析了空间溢出效应下产业协同集聚对经济增长的影响，同时运用面板门槛回归模型分析了产业协同集聚对经济增长的非线性影响。

第四部分为产业协同集聚的产业结构升级效应。在产业协同集聚影响产业结构升级作用机理的研究基础上，以空间计量模型和面板门槛回归模型为研究手段，分别研究了产业协同集聚对长三角城市群产业结构升级的空间效应和非线性影响效应。

第五部分为产业协同集聚对地区收入差距的影响效应。在产业协同集聚影响地区收入差距作用机理的研究基础上，运用空间计量模型和面板门槛回归模型，分别研究了产业协同集聚对长三角城市群地区收入差距的空间效应和非线性影响效应。

第六部分为结论与政策建议。在理论和实证分析的基础上，进一步总结和梳理了长三角城市群产业协同集聚经济效应研究中的主要观点，并以此为基础提出了提出相应的政策建议，为科学合理推进"双轮驱动"战略和发挥产业协同集聚的经济效应提供一定的参考。本书的技术路线图如图 1-2 所示。

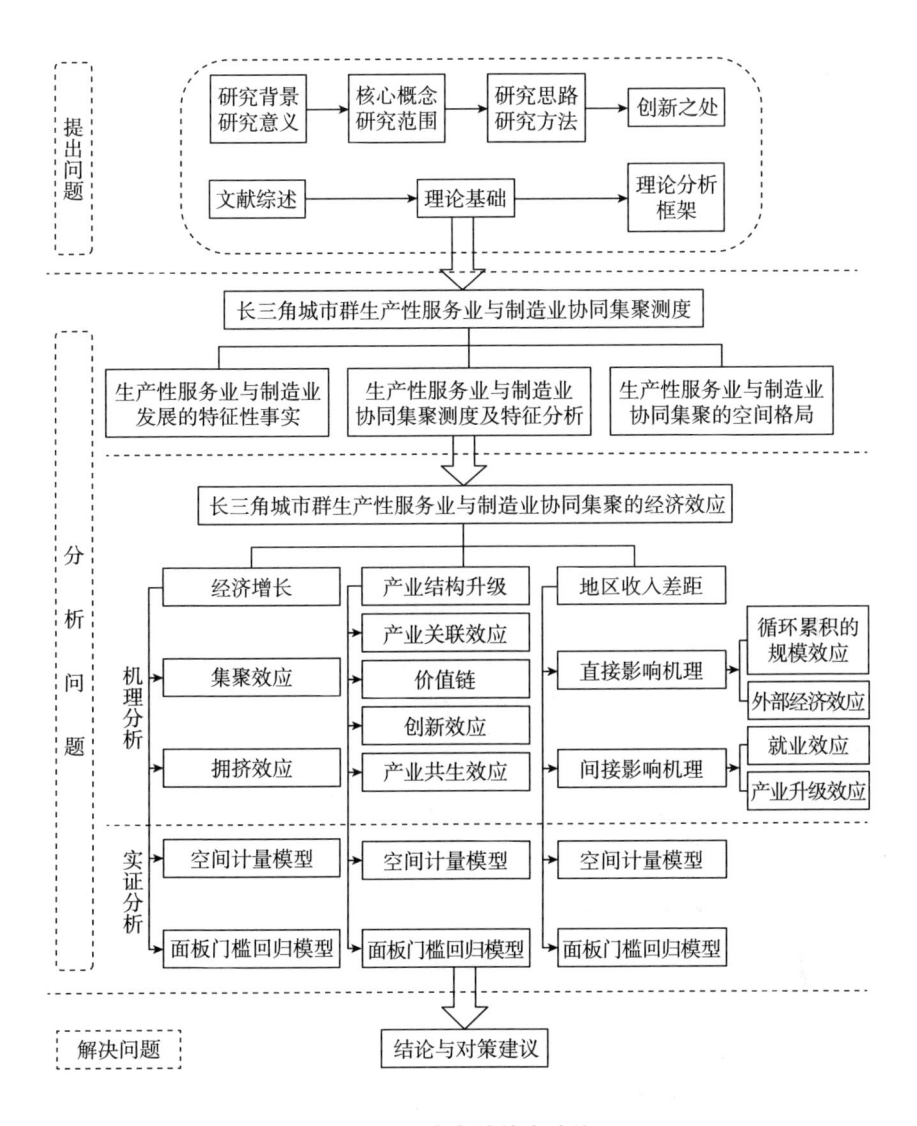

图 1-2 本书的技术路线

三 研究方法

(一) 文献分析法

本书在认真收集国内外关于产业集聚及协同集聚研究文献的基础上，系统整理与归纳了相关研究的理论、方法、指标，明确了本书涉及的基本概念及理论、实证方法，对研究思路和研究内容起到了良好的借鉴作用。

（二）比较分析法

本书通过搜集长三角城市群 26 个城市制造业与生产性服务业的相关统计数据，对上海、浙江 8 市、江苏 9 市、安徽 8 市制造业与生产性服务业产业规模及产业结构进行了对比分析；根据产业协同集聚水平的测度指标，分析了长三角城市群制造业与生产性服务业协同集聚的整体水平以及分行业协同集聚水平，并基于测度指标对长三角各城市以及不同等级城市的产业协同集聚水平进行了比较总结，从而对长三角城市群制造业与生产性服务业协同集聚的发展水平进行了深刻的把握。

（三）规范分析与实证分析相结合

规范分析与实证分析是经济学最基本的分析方法。规范分析是基于一定的价值判断标准，对具体的经济问题进行分析评价，然后基于这一评价标准制定相应的政策建议。实证分析是针对具体的经济现象、行为进行客观的描述与分析，从而探寻其存在的内在规律。本书在研究的过程中，利用空间计量方法和面板门槛回归分析方法对长三角地区制造业与生产性服务业协同集聚的经济效应进行实证分析。并根据实证分析的结论提出相应的政策建议，做出相应的规范分析。

（四）理论分析与案例分析相结合

本书通过运用产业关联理论、外部性理论、价值链理论、新经济地理理论等相关理论，分析了产业协同集聚对经济增长、产业结构升级和地区收入差距影响的作用机理。在此基础上，以长三角城市群为典型研究区域对产业协同集聚水平进行测度，并对产业协同集聚的影响效应进行了分析。

第四节　存在的创新

一　研究范围

关于产业协同集聚的研究文献，基于国家整体范围的实证研究居多，结论的区域指向性不强。长三角城市群凭借其独特的区域优势以及发达的产业基础，成为中国最具发展潜力的城市群。近年来，长三角城市群服务业增长迅猛，服务业与制造业协同集聚趋势明显，具有独特的区域特征。2016年，中央政府在《长江经济带发展规划纲要》中明确指出，"要以长江三角洲城市群为龙头，发挥上海及长三角洲地区的引领作用"。2019年，长三角区域一体化发展上升为国家战略，成为"完善中国改革开放空间布局"的重要组成部分[①]，在城市集聚与空间布局方面具有很强的示范效应。所以，在长三角转型升级、创新发展的新时期，作为典型区域的长三角如何发挥产业协同集聚的经济效应，是理论探索和实践发展的需要。

二　研究选题

根据国内外经济发展出现的新变化，日趋明显的产业协同集聚将会对经济增长、产业结构升级、地区收入差距带来何种影响？既有文献主要集中于产业专业化集聚或多样化集聚经济效应的研究。而针对产业协同集聚的文献则主要集中于协同集聚机制及机理的研究。相比较而言，关于产业协同集聚经济效应的研究文献较少。因此，本书试图从理论及实证的角度对产业协同集聚的经济效应予以系统分析。

三　研究思路

本书在研究产业协同集聚经济效应的时候，基于产业协同集聚

---

① 习近平：《共建创新包容的开放型世界经济》，《人民日报》2018年11月6日第3版。

的空间异质性，在分析模型中纳入空间因素，并且通过空间计量模型的偏微分方法将空间溢出效应分解为直接效应、间接效应和总效应，从而分析了本地区和其他地区产业协同集聚的空间溢出效应和综合影响。同时，根据集聚规模效应和拥挤效应的作用机制，产业协同集聚经济效应呈现的并非简单线性特征，因此本书基于不同的门槛变量，利用面板门槛模型实证分析了产业协同集聚经济效应的非线性特征。

第二章

文献综述与理论基础

第一节 文献综述

随着产业集聚研究的不断深化,加之生产性服务业集聚与制造业集聚在空间上形成互动发展的现实,产业协同集聚越来越受到学者的关注。目前,关于产业协同集聚的研究主要集中于生产性服务业内部、制造业内部及生产性服务业与制造业两大产业之间的协同集聚。学者基于产业关联、产业分工、协同效应等角度对产业协同集聚的测度与差异性、内在形成的机制与演化机理进行了理论推导和实证分析。本章主要从以下四个方面对相关文献进行梳理:

一 产业协同集聚存在性及测度的研究综述

国外学者较早关注到了产业协同集聚的现象。Ellison 和 Glaeser (1997)、Porter (1998) 发现任何一个城市都不是单一产业发展的,多样化的产业倾向于共同集聚。Koh 和 Riedel (2010) 对德国制造业和服务业进行分析后,得出服务业比制造业的集聚趋势更加明显。Ghani (2016) 以印度为研究样本得出了制造业和服务业存在高度集中的趋势,制造业易于集聚在生产性服务业集聚度高的大城市。同时,Villar 和 Rivas (2001)、Kolko (2010) 分别通过理论及实证研究均得出了生产性服务业向城市集聚,制造业向城市外围集聚的结论，即新 C-P 模型。

国内学者高峰和刘志彪（2008）基于长三角地区产业集聚的现实，认为产业协同集聚有利于促进产业集聚与产业升级。张益丰和黎美玲（2011）以省域数据为研究样本得出了生产性服务业集聚与先进制造业集聚呈现正相关关系。吉亚辉和李岩等（2012）同样验证了生产性服务业集聚与制造业集聚具有相关性。柯善咨和赵曜（2014）基于生产性服务业与制造业关联引致的集聚模式，分析得出产业结构、城市规模协同作用于城市经济效益的理论机制。段荣荣（2014）以省域数据为研究对象，通过相对多样化指数得出了生产性服务业与制造业二者相互促进具有双重集聚的特征。陆剑宝（2014）以全国和广东省为研究对象，研究发现生产性服务业对制造业集聚具有空间协同关系。甘丽娟（2015）基于新经济地理学的垂直关联模型研究得出城市生产性服务业与制造业存在协同集聚现象。程中华（2016）利用中国285个地级及以上城市的面板数据分析表明，城市制造业集聚与生产性服务业集聚之间存在协同定位关系，同时也存在显著的空间正相关性和空间集聚效应。李昱（2015）基于长三角地区的实证研究，得出城市之间的生产性服务业集聚度与制造业整体集聚度呈现趋同的变化趋势。

二 产业协同集聚机制及演化机理的研究综述

关于产业协同集聚形成机制的研究可以追溯到 Marshall（1920）关于集聚外部性的思想。Marshall 认为中间投入品、共享劳动力和知识外溢是产业集聚产生的重要原因，因而产生了外部经济。他又将外部经济划分为内部规模经济与外部规模经济。而外部规模经济则在一定程度上为不同行业之间集聚的思想奠定了重要基础。Jacobs（1969）认为多元化外部性更加突出的是主体层面的不同，多元化集聚对于规模收益的提升离不开内部的协同集聚。Venables（1996）提出了 CPVL 模型，该模型最大的理论创新意义就在于从垂直关联的角度将产业协同集聚纳入到了理论分析框架中。Villar 和 Rivas（2001）、Andersson（2004）在产业协同集聚演化机理模型的拓展上做出了重要贡献。Villar 和 Rivas（2001）将生产性服务业纳入到"中心—外围"模型中，得出了新"中心—外围"模型，即中心区域形成生产性服务业集聚而制造业集聚于外围区域。Andersson（2004）则认为生产性服务业与制造业集聚应该在一定的距离范围之内。除此之外，生产性服务业作为其他服务业的中间投入，也是生产性服务业内部协同集聚的重要原因。Kim（1999）以美国制造业与生产性服务业为研究样本，得出规模经济、资源集中度对制造业与服务业集聚产生正向影响。Ellison 等（1997）发现上下游产业关联、劳动力池与知识溢出显著地降低成本，从而促进美国制造业协同集聚。Jed（2007）研究得出了创新和知识外溢是促进产业协同集聚的重要原因。

Ellison 等（2010）则奠定了产业协同集聚形成机制的理论基础。他们首次构建了产业协同集聚指数，并且利用美国的数据研究得出中间投入品与最终产品供应商之间的联系、共享劳动力市场、增加信息交换和创新机会是影响产业协同集聚的重要因素。Gallagher（2013）认为运输成本存在物理运输成本和信息运输成本的异质性特征，在此前提条件下，同样得出并验证了 Ellison 等的研究结论。Gabe 和 Abel（2016）利用美国的数据研究发现，生产性服务业与制造业倾向于协同集聚的原因在于知识分享的特征。Stephen 和 Erik（2016）以城市数据为研究样本同样验证了 Ellison 等的研究结论，并且认为各因素的影响程度不同。

国内学者马国霞等（2007）发现纵向的投入产出关联以及规模外部经济是中国制造业内部集聚的重要机制，而且地理邻近与关系邻近形成循环因果关系。陈菁菁（2011）基于垂直关联模型和垄断竞争模型，得出城市规模与交易成本是制造业与生产性服务业空间协同定位的重要影响因素。王硕和郭晓旭（2012）基于中间投入品与产业关联诠释了制造业与生产性服务业双重集聚的内在机制，并且以全国省际面板数据为研究样本，通过建立联立方程模型验证了二者之间的协同关系和互动关系。陈国亮和陈建军（2012）基于产业关联角度，研究得出投入产出关系和知识外溢是产业协同集聚形成的内在机制。存在投入产出关系的产业为了节约运输成本费用和靠近消费市场会选择在空间上共同集聚；知识外溢表现为企业在空间上的协同定位而加速思想的流动，从而促进产业间融合集聚；基于空间关联的角度，商务成本是城市内产业协同集聚的影响机制。陈晓峰（2015）发现一个城市空间内制造业与生产性服务业协同集聚取决于城市租金、市场规模等。

三 产业协同集聚经济效应的研究综述

本书主要从经济增长、产业升级、地区收入差距三个角度对产业协同集聚经济效应的相关文献进行归纳、总结。

（一）产业协同集聚与经济增长

关于产业集聚经济增长效应的研究已经形成了大量的文献。通过对已有文献的梳理、归纳，发现产业集聚对区域经济增长的研究大致形成了三种观点：第一，产业集聚与经济效应之间存在显著正向促进关系。大多数学者的研究得出了此类的结论。第二，产业集聚与经济效应之间存在负向关系。第三，产业集聚与经济增长效应之间存在非线性关系。

1. 产业集聚与经济增长的研究综述

产业集聚对经济增长存在正向影响效应。Ciccone 和 Hall（1996）基于就业密度与生产率的理论模型，发现集聚是导致美国区域之间生产率存在差异的重要原因，同时还可以抵消密集地区的拥挤效应。Duranton 和 Puga（2004）认为经济集聚通过分享、匹配和学习三个方面的规模效应影响劳动生产率。范剑勇（2006）基于中国地级市面板数据，分析得出城市非农平均劳动生产率对非农就业密度的弹性为8.8%左右，高于欧美5%的平均水平，因此得出产业集聚促进劳动生产率提高的结论。

产业集聚对经济增长存在负向影响效应。Bradley 和 Gans（1998）、Cainelli 和 Leoncini（1999）分别以澳大利亚和意大利为研究对象，研究得出了产业专业化对经济增长产生负效用。Arin

(2014)基于土耳其中小企业微观数据,实证分析得出产业集聚引起要素资源价格上升、市场竞争加剧等,不利于地区经济增长。孙浦阳等(2011)研究经济空间集聚对经济增长的影响时,发现开放程度会抑制国内产业集聚对地区经济增长的促进作用。文丰庆(2018)实证研究发现生产性服务业集聚对中国经济增长质量具有一定程度的抑制作用。

产业集聚对经济增长存在非线性影响效应。Williamson(1965)首次提出了"威廉姆森假说",认为在经济发展早期空间集聚会显著提高地区经济效率;但是当经济发展水平达到某一门槛值后,集聚对经济增长的促进作用会变小甚至为负。Brulhart 和 Sbergami(2009)研究发现只有当经济发展达到一定水平时,产业集聚才能起到促进区域经济增长的作用。徐盈之和刘修岩等(2011)基于中国省域面板数据,采用门槛回归模型考察了制造业集聚与经济增长之间的关系,验证了"威廉姆森假说"在中国显著存在。王丽丽(2011)基于贸易开放的视角,研究表明制造业集聚与全要素生产率增长之间存在显著的贸易开放双门槛效应。孙浦阳和韩帅(2013)将区分长短期的动态模型纳入产业集聚分析,发现产业集聚初期,拥挤效应处于主导地位,抑制经济发展,而之后集聚效应逐渐占主导地位,二者的关系呈"U"形。纪玉俊等(2015)以对外开放水平为门限变量构造了门限回归模型,对城市服务业集聚与经济增长进行了研究,结果表明城市服务业集聚对经济增长的影响存在门限效应。李骏等(2018)以我国省际高技术产业为例,研究技术创新在产业集聚与经济增长之间的联结效应,结果表明产业集聚对经济增长的影响存在拐点,而技术创新能显著改变拐点效应。于斌斌(2015)在研究城市群产业集聚对经济效率的门槛效应时指出,产业集聚对城市经济增长和效率提升的外部性会受到城市规模的约束,产业集聚只有在城市达到一定规模后才能产生规模报酬递增效应,从而促进城市经济的增长与效率改善。孙慧和朱俏俏(2016)采用系统 GMM 方法,研究发现资源型产业集聚对全要素生产率的作用受经济发展水平的影响，呈现出倒"U"形的非线性关系。

2. 产业协同集聚与经济增长的研究综述

赵伟和王春晖（2013）认为产业集聚与产业协同集聚具有互动影响的内在强化机制，二者之间通过交互作用强化集聚效果，进而影响经济绩效。陈晓峰和陈昭锋（2014）以东部沿海地区为研究对象，采用面板回归模型研究发现制造业与生产性服务业协同集聚对于区域经济增长、专业化水平及产业升级具有正向促进作用，但是对技术创新的作用不明显。胡艳和朱文霞（2015）利用中国城市面板数据，采用固定效应模型和差分 GMM 模型，研究发现产业协同集聚对工业利润率及经济增长均具有显著正向促进效应。豆建民和刘叶（2016）采用面板门槛回归模型，研究发现生产性服务业与制造业协同集聚对经济增长的影响存在城市规模的双重门槛效应。当城市规模过小或过大时，产业协同集聚对城市经济增长表现出抑制作用。庄德林等（2017）构建了省际产业协同集聚度的测度方法，基于中国省域面板数据，研究得出区域内生产性服务业与制造业协同集聚抑制就业增长，省际产业协同集聚对区域内制造业、生产性服务业和总体就业均具有显著的空间互补效应。彭亮和肖明辉（2017）以四川省为例，采用面板固定效应模型分析了产业协同集聚的经济增长效应，研究发现产业协同集聚存在倒"U"形的经济效应，且区域内产业协同集聚促进效应存在较大差异。周明生和陈文翔（2018）以长株潭城市群为研究样本，采用工具变量分析方法和门槛回归分析法实证分析了生产性服务业与制造业协同集聚对经济增长以及经济效率的影响。结果表明，协同集聚与经济增长表现出非线性的关系，且不同城市规模条件下协同集聚的经济增长效应不同。郝永敬和程思宁（2019）基于异质产业集聚与协同集聚的视角，运用系统 GMM 方法分析了产业集聚、产业协同集聚与技术创新的互动效应对经济增长的影响。研究发现，技术创新能力的高低决定了协同集聚经济效应，当技术创新能力达到一定水平时，协同集聚的经济增长效应为正。

(二) 产业协同集聚与产业升级

1. 产业集聚与产业升级

第一，制造业集聚与产业升级。Schmitz（2004）认为出口型企业的空间集聚通过快速提供产品和服务，有利于增加企业附加价值。吴学花和杨蕙馨（2004）通过构建计量模型实证分析得出，制造业集聚度的提高有利于提升制造业生产效率，从而促进产业升级。梁琦和詹亦军（2006）分析发现制造业集聚通过推动技术进步从而对产业升级产生正向的促进作用。韩庆潇等（2015）以制造业面板数据为研究样本，认为创新是连接制造业集聚与产业升级的重要因素，即制造业集聚通过创新水平的提高来促进产业升级，创新具有重要的中介作用。

第二，生产性服务业集聚与产业升级。张益丰等（2009）认为生产性服务业的有效集聚，有利于提升产业竞争力从而促进产业价值链升级。韩明华（2010）分析了宁波市生产性服务业对制造业优化升级存在显著的促进作用。孙晶和李涵硕（2012）、邓向荣和刘文强（2013）分析得出了金融集聚对产业结构升级的显著促进作用。盛丰（2014）以全国230个地级市为研究样本，得出生产性服务业集聚有利于促进制造业结构升级，而且生产性服务业集聚通过空间外溢效应对周边区域制造业升级同样具有显著的促进作用。韩峰等（2014）研究认为生产性服务业集聚通过提高行业技术效率、优化改善产业发展环境，进而促进产业结构升级与地区经济发展。慧宁和周晓唯（2016）分析得出了生产性服务业对产业升级存在显著的促进作用，且区域之间、生产性服务业内部之间存在明显的差异。于斌斌（2017）以中国285个地级市为研究样本，采用空间计量模型分析得出，金融集聚对产业升级的影响受产业发展阶段和城市规模性的限制。

第三，产业集聚与产业升级。王胜今等（2017）基于产业链、产业价值链、产业竞争力的角度分析了产业集聚影响产业转型升级的作用机理,并实证验证了产业集聚与产业转型升级之间的密切关联性。邵文武(2017)认为产业集聚中要素产生"洼地效应""自我集聚效应""锁定效应",以及产业集聚中创新和技术扩散效应促进要素流入,而产业集聚过程中产生的外部不经济促进要素流出,产业结构得以调整和优化。

2. 产业协同集聚与产业升级

高峰和刘志彪(2008)认为相关产业间的外部经济是产业协同集聚产生协同效应的重要原因,产业协同集聚能更好地为制造业集聚及其升级提供良好的发展环境。王春晖和赵伟(2014)通过构建两区域两产业模型,得出了上下游制造业协同集聚的主要动因在于能够获取集聚外部性利益,而由生产要素积累、知识溢出、技术进步形成的集聚外部性利益有利于提升地区产业升级。陶长琪和周璇(2015)分析了信息产业与制造业系统在产业要素、组织结构和制度耦联的作用机制,并实证得出了信息产业与制造业的耦联对产业结构优化升级存在空间相关性,并与区域经济发展相一致。刘叶和刘伯凡(2016)以22个城市群为研究对象,通过构建动态面板回归模型研究得出,生产性服务业与制造业协同集聚对制造业生产效率产生正向影响,但是这种影响在不同城市群中存在差异性。夏后学等(2017)研究得出非正式环境规制下生产性服务业与制造业协同集聚对产业结构合理化存在正向影响效应,但具有门槛特征。王瑞荣(2018)根据2008—2016年浙、苏、粤、沪、京的统计数据分析得出,制造业与生产性服务业协同集聚对制造业升级具有促进作用,但是二者协同集聚水平超过一定规模后,对制造业升级具有反向作用。

(三)产业协同集聚与地区收入差距

从国内关于产业集聚与收入差距关系的研究成果来看,主要包括城乡收入差距、地区工资差距及地区收入差距。通过梳理文献发现,聚焦于城乡收入差距的研究相对较多,其原因在于我国独有的城乡二元经济结构特点。谢乔昕(2012)研究了浙江商业聚集对收入差距的影响，结果表明商业聚集和城乡收入差距呈负相关关系，存在双向格兰杰因果关系。蔡武等（2013）基于空间计量方法研究得出，产业集聚对邻近省区城乡收入差距的影响具有空间溢出效应的特征；农村劳动力的转移通过加速产业集聚对城乡收入差距产生极化效应。徐敏和张小林（2014）基于省际面板数据分析得出，金融集聚通过影响产业升级间接对城乡收入差距产生影响。刘军等（2015）以省际面板数据为研究样本，分析得出制造业集聚对城乡收入差距有显著的缩小作用。俞彤晖（2018）通过构建面板门槛模型和动态面板模型研究得出，科技服务业集聚对城乡收入差距存在显著的负向抑制效应，地区劳动生产率具有中介传递效应。

地区工资差距的相关研究有：王海宁和陈媛媛（2010）研究发现只有产业内集聚可以显著地提高工资水平，而产业间集聚对工资的影响则不显著。杨仁发（2013）基于新经济地理学和空间集聚理论，研究得出制造业的空间集聚不利于提高地区工资水平，生产性服务业集聚对地区工资水平影响不显著，而制造业与生产性服务业协同集聚对地区工资具有显著正向促进作用。谢露露（2015）研究指出制造业集聚和劳动力流动使工资在空间上呈现"俱乐部"现象。产业集聚带来的规模扩张和专业化水平提升促使本地制造业工资上升，形成工资溢价。相邻地区产业集聚的专业化效应促使本地制造业工资上升，其规模扩张效应抑制本地工资的提升。陈建军和刘月（2016）基于产业关联视角研究得出生产性服务业与制造业协同集聚能够显著提高地区工资收入。卢飞等（2017）研究指出产业集聚通过密度效应和集聚效应促进劳动生产率的提高，通过知识外溢提升劳动工资。

地区收入差距的相关文献有：范剑勇（2006）研究得出产业集聚效应提高了地区劳动生产效率，通过循环累积的作用机制使地区间的经济发展发生极化，地区收入差距不断扩大。谢里和谌莹（2013）基于新经济增长理论分析了产业集聚影响地区收入差距的机制，研究指出在适度的范围内，产业集聚有利于缩小地区收入差距，且能缩小发达地区与落后地区的经济发展差距。麻昌港和蒋伏心（2013）以新经济地理理论模型为基础，分析得出在本地市场效应和前后关联作用机制下，产业集中度的提高能够缩小地区收入差距。常远和吴鹏（2018）研究指出产业集聚有利于缩小收入分配差距，且具有地区差异性和阶段性。

四 长三角产业集聚及产业协同集聚的研究综述

（一）对长三角地区整体研究

制造业与生产性服务业集聚。高传胜和刘志彪（2005）指出由于上海拥有发达的生产者服务业，从而降低区域交易成本、深化新型资本和专业化分工、培育产业竞争优势、增强区域创业与创新能力，使长三角地区实现制造业的集聚与发展。胡晓鹏和李庆科（2009）基于产业共生角度，对苏、浙、沪三地制造业与生产性服务业共生关系的基本特征及存在差异的原因进行了分析判断。高春亮和乔均（2009）以投入产出数据为基础研究得出长三角形成了上海以服务业为主、苏浙以制造业为主的产业空间布局；同时由于服务业产品差异化从而形成了复杂的服务业产业内贸易，这也为长三角各城市生产性服务业错位发展提供了基础。靖学青（2010）指出长三角内部，制造业由上海市向浙江省和江苏省转移趋势明显，尤其浙江省制造业集聚速度加快。汪彩君和唐根年（2011）指出长三角制造业集聚已出现生产要素拥挤现象，产业效率下降趋势明显。其依据制造业集聚效率特征划分出集聚过度、集聚适度与集聚推进三种集聚类型。马卫红和黄繁华（2012）通过实证研究发现长三角生产性服务业整体上对制造业具有支撑作用，但产业内部各行业之间对制造业影响程度存在差异。郑敏（2012）研究得出长三角地区制造业集聚度水平较高且呈现上升趋势，但制造业集聚地分布存在差异性。王硕（2013）基于垂直关联模型研究发现，长三角地区制造业区位与生产性服务业区位的相互影响作用随着城市规模的不同而呈现差异性，大城市应推进生产性服务业集聚，中小城市应促进制造业集聚。吴福象和曹璐（2014）发现长三角低端嵌入式的外向经济模式，阻碍了生产性服务业的集聚发展，限制了制造业与生产性服务业的空间同步集聚。陈晓峰（2016）对长三角地区生产性服务业与制造业协同集聚中存在的互补与挤出双重效应交替特征进行了实证检验。张志彬（2017）对京津冀、长三角和珠三角的生产性服务业集聚进行测度，并对其驱动因素进行比较分析。

制造业集聚或生产性服务业集聚与经济增长。洪娟和廖信林（2012）发现长三角制造业集聚与经济增长之间存在非线性关系，制造业集聚对经济增长具有门槛效应。魏守华等（2015）研究认为专业化集聚效应对长三角制造业增长产生积极作用，产业集聚或扩散存在"高高"双向溢出和"由高到低""由低到高"单向溢出的模式。邱晓东等（2015）发现长三角 16 个城市的生产性服务业集聚水平提高趋势明显，高等级城市的生产性服务业集聚水平较高，低等级城市的生产性服务业耦合程度较高。对于不同等级的城市，生产性服务业集聚与服务业劳动生产率成正"U"形关系。楚明钦（2016）认为长三角地区已经形成了上海以生产性服务业为主导，江苏和浙江以制造业为主导的区域产业分工格局，且实证分析了上海生产性服务业对装备制造业效率提升的影响。陈晓峰（2017）研究发现长三角地区制造业集聚与集聚效率并未实现同步演进，改变生产要素配置比例是改善生产效率的重要方式。吴亚菲和孙淼（2017）通过实证分析得出了制造业集聚对长三角经济增长具有正向影响，生产性服务业集聚则为负向影响。

（二）针对上海与其他城市的研究

上海市的研究文献较为丰富。唐钰岚（2004）通过借鉴国际经济中心城市的成长规律，指出生产性服务业集聚有利于实现上海"一个龙头、四个中心"的发展定位，有利于将上海建设成为国际经济中心城市。汪建新（2009）根据生产性服务业区位选择理论，对上海市各区生产性服务业布局进行了分析论证。徐全勇（2010）基于 VAR 模型实证分析了上海市工业与服务业存在长期互动关系。张镓等（2012）运用多元回归模型实证研究了上海市生产性服务业与汽车产业的关联性。李刚（2012）基于调查问卷，对上海市装备制造业集聚发展阶段的基本性质与特征进行了研究。郭怀英等（2014）通过调研发现上海市服务业与制造业融合发展及集聚有力支撑了经济转型升级。潘斌和彭震伟（2015）研究指出，上海市工业集聚区空间转型的内在机制是生产性服务业与制造业的融合，二者的置换融合、渗透融合、延伸融合会带来工业集聚区不同的空间转型过程。崔向林和罗芳（2017）利用耦合协调度模型测算得出，上海市生产性服务业与制造业之间的整体协调度不高，二者未形成良性互动。许学国等（2017）通过构建协同度评价指标体系，实证分析得出上海市知识密集型服务业与先进制造业有序度呈现持续增长趋势，但是受限于先进制造业的发展"瓶颈"，产业协同发展逐渐减缓。王如忠和郭澄澄（2018）基于全球价值链创新发展的背景，运用投入产出模型实证分析表明，上海市先进制造业与生产性服务业协同发展有利于提高产业间资源配置效率、促进新兴产业创新集群、加快产业转型升级。

夏永祥（2011）研究发现苏州现代服务业集聚效应显现，现代服务业与先进制造业实现良性互动。陈晓峰（2012）基于投入产出表研究发现，南通市服务业与制造业之间呈现出互动融合关系，但关联效应相对较低。官卫华和陈雯（2013）揭示了南京市现代服务业空间布局呈现出多中心非均衡成长和扁平化特征，网络化结构特征已经显现。杨凤华（2013）指出南通市已经形成了功能完善、与生产相配套额生产性服务业集聚区，增强了其在建设长三角北翼经济中心的影响力。刘小铁（2015）以江苏省制造业为例，研究了产业集聚对产业成长及区域经济发展的关系。钟韵和孙健如（2015）基于 Romer 三部门经济增长模型分析得出，上海生产性服务业与苏州制造业之间呈现互动发展模型，苏州制造业对上海生产性服务业发展具有显著促进作用。接玉芹（2016）基于计量经济模型对江苏沿江经济带 FDI 与产业集聚的互动关系进行了验证。简晓斌（2016）对江苏省进行实证检验得出生产性服务业通过降低制造业生产成本、增加产品附加值，对制造业价值链攀升具有推动作用。毕学成等（2018）研究发现江苏省制造业集聚呈现倒"U"形特征，在集聚与扩散阶段制造业优势产地由苏南向苏北转移。

谢芳（2011）对浙江生产性服务业与制造业的产业关联效应进行了分析。蒋海兵等（2015）基于杭州市工商登记数据研究发现，生产性服务业各行业既有向心集聚，又有不同程度向外扩展趋势，向心集聚与向外扩张特点不同。李佳洺等（2016）以微观企业数据为基础，研究发现杭州市区生产性服务业和高科技制造业集聚趋势显著，传统零售业和制造业未形成集聚；不同企业规模对产业集聚的影响存在差异性。杨雪锋和陈曦（2016）以浙江省服务业为例，研究发现专业化集聚与城镇化质量正相关，多样化集聚与城镇化质量负相关。郑长娟等（2017）基于浙江省69个县市的统计数据，研究发现浙江省知识密集型服务业存在显著集聚现象，形成了以杭州、宁波为集聚中心的空间格局，并对其影响因素进行了分析。

周鹏和胡凯（2013）分析发现生产性服务业有利于促进安徽经济增长，但是生产性服务业各细分行业对经济增长的贡献率存在差异。王可侠和夏琦（2015）通过分析发现，2005—2015年安徽生产性服务业规模与苏浙沪的差距呈现先扩大后缩小的趋势，行业内部增长存在差异性。桑瑞聪和岳中刚（2011）指出1998—2009年安徽省制造业平均集中率呈现小幅上升趋势，安徽与江西、上海、江苏、浙江的专业化分工程度不断加深。邓新波（2013）研究发现1994—2011年由于产业集聚离心力和向心力的作用机制，安徽劳动密集型制造业集中度呈现先降后升的趋势。李蕾（2016）认为在长三角区域内，安徽与其他三省市的制造业结构差异较大，以劳动密集型产业占优，且制造业专业化程度出现弱化趋势。刘涛（2017）研究发现，2004—2014年随着东部地区制造业转出规模的扩大，安徽在承接产业转移的过程中制造业呈现快速增长趋势。

五 文献简评

通过对已有研究成果的梳理、归纳，发现国内外学者从不同的研究层面，利用不同的方法对产业集聚及其经济效应进行了研究分析，拓宽了产业集聚对经济发展作用机理的认识，为产业集聚助力经济发展提供了重要的理论与实证支撑，为本书的研究提供了重要的借鉴与启示。但是，现有研究文献大部分是基于单一产业专业化集聚，多个产业多样化集聚尤其产业协同集聚的研究文献相对较少，其中关于工业或制造业集聚问题的相关文献较多，涵盖了集聚机制、集聚度衡量、集聚的影响因素、集聚效应；而关于服务业或生产性服务业集聚以及制造业与生产性服务业协同集聚的相关研究文献相对较少。尽管我国已经成为制造业大国，然而在全球"再工业化"浪潮中将面临更大的挑战与困难，同时随着以服务业为主的第三产业的快速发展，亟须向"双轮驱动"和注重产业协同发展的方向转变。制造业与生产性服务业协同集聚发展是促进经济发展的新动力，对经济发展具有重要的影响效应。但是，产业协同集聚的相关研究才刚刚起步，研究文献的数量非常有限，目前对产业协同集聚的经济效应缺少全面、系统、深入的理论研究与实证分析。

长三角地区作为中国经济的"增长极"，制造业与生产性服务业发展水平较高。因此，长三角整体以及上海市、浙江省、江苏省也是国内产业协同集聚研究关注的重点区域，既有研究主要围绕长三角制造业集聚、生产性服务业集聚以及二者之间的融合互动关系展开。这些研究成果是本书研究的基础，便于我们了解长三角产业集聚的动态变化趋势，同时也可以看出长三角制造业与生产性服务业协同集聚及其经济效应的研究文献相对不足。基于已有研究成果的不足，本书以长三角城市群26个城市为研究样本，采用空间计量和面板门槛模型等实证方法，在进行理论推演的基础上，从经济增长、产业升级、地区收入差距三个方面对制造业与生产性服务业协同集聚的经济效应进行论证分析，考察产业协同集聚助力地区经济发展的可行性、有效性，为合理促进产业协同集聚与地区经济转型发展提出政策建议。

第二节 理论基础

一 产业关联理论

对于产业关联的研究最具代表的就是里昂契夫（1936）的投入产出理论和赫希曼（1958）的前向关联和后向关联理论，前者基于投入产出分析法探究了在经济行为中所有产业间的广泛、复杂以及紧密的技术经济关系，后者则按照产业关联度研究产业之间彼此联系和依赖的高低。制造业与生产性服务业之间存在的投入产出关联决定了二者之间在空间地理集聚的特征，企业可以因此享受共享产品市场与要素市场带来的便利，从而降低了生产成本与交易成本。制造业与生产性服务业也具有上下游产业之间的属性，这种垂直关联的特征反映了产业间前向关联与后向关联的物质联系。生产性服务业作为中间产品部门集聚在制造业周围为其提供中间服务，并且获得市场优势；制造业作为最终产品部门对生产性服务业产生各种产品和服务需求，二者之间形成上下游产业垂直关联。地理邻近的产业垂直关联更利于产业空间集聚。由于空间地理上的邻近，制造业及其内部之间可以共享生产性服务业提供的中间投入品，进而产生自我强化效应、形成集聚经济。

产业联动是构成集聚分工与产业协同集聚的基础。由于专业化分工的深化，内生于制造业内部的生产性服务业从制造业中分离并发展，形成与制造业相匹配的生产性服务业集聚，这个过程体现了产业垂直一体化向垂直专业化的转型，也可解释为产业集聚间的分工，生产性服务业通过实现制造业生产环节的专业化，减少企业的交易成本，制造业在生产性服务业专业化基础上通过规模经济效应促进制造业向垂直专业化转型升级。产业产生联动是借助产业关联的载体而形成，人力资本、资金、技术、信息等是制造业与生产性服务业关联的重要载体，也是形成二者协同集聚的重要载体。并且，随着产业环境的变化，必将衍生出新的关联载体。

二　外部性理论

关于集聚外部性的研究可以追溯到新古典经济学对工业企业集聚布局的解释。英国经济学家马歇尔（1890）首先在《经济学原理》中对相同产业集聚进行了阐述。他认为，产业集聚的特征包括：生产性质相同或相似产品的企业在特定地理空间范围内集中；企业拥有的知识或技术具有相似性或共同性。此外，马歇尔还指出了相同产业集聚的外部性来源于"劳动力池效应"、中间投入共享以及知识技术溢出效应，利用外部经济的有利条件、获取经济收益是同类生产企业在特定地理空间范围内集中的原因之一[1]。这也成为"外部性"视角下解释专业化集聚的理论基础。阿罗（1962）、罗默（1986）的内生经济增长模型基于"干中学""报酬递增"解释了相同产业专业化集聚的外部性。因此，学者又称为 MAR 外部性。雅各布斯（1969）则分析了多个产业协同集聚所产生的知识互补效应，以及由此实现的产业分工深化及产业结构完善，更有利于创新和知识技术的溢出。同时，雅各布斯指出行业间知识、技术的扩散、吸收得益于产业集聚的竞争效应[2]。因此，集聚外部性的研究视角延伸到了产业间的集聚，形成了 Jacobs 外部性。胡佛（1936）首次将集聚划分为内部规模经济、地方化经济（专业化外部性或 MAR 外部性）和城市经济（多样化外部性或 Jacobs 外部性）[3]。波特（1990）基于"MAR 外部性"，强调了产业集聚中存在的市场竞争效应，他认为不论是产业内部还是产业之间形成的产业集聚，均产生地方竞争，从而不断革新生产工艺与技术，推动创新的发展，进一步强化产业集聚的效果，由此形成了 Porter 外部性[4]。

---

[1] Marshall, A., *Principles of Economics*, London: Macmillan, 1890.
[2] 雅各布斯：《城市经济学》，项婷婷译，中信出版社2007年版。
[3] Hoover, E. M., *An Introduction to Regional Economics*, New York: Alfred A. Knopf Inc., 1975.
[4] 迈克尔·波特：《国家竞争优势》，中信出版社2012年版。

第二章
文献综述与理论基础

Scitovsky（1954）在 MAR 外部性的基础上，提出了"货币外部性"（pecuniary externalities）和"技术外部性"（technological externalities）。货币外部性着重强调了市场机制的传导作用，那些参与影响价格机制经济活动的企业才会产生此种外部性（Ottaviano and Theisse，2001）。由劳动力市场共享、本地市场需求以及前后关联所产生的货币外部性成为新经济地理理论阐述集聚形成机制的重要基础。技术外部性来自非市场机制的技术联系，其更加强调技术扩散和知识外溢性，技术外部性产生的主要渠道是人力资本的流动、学习效应以及劳动力池效应。由于技术外部性产生的根源存在较大争议，因此其通常被划分为"MAR 外部性""Jacobs 外部性""Porter 外部性"。

三 价值链理论

哈佛大学迈克·波特（Michael E. Porter）于 1985 年在其专著《国家竞争优势》中首次提出了"价值链"。他基于企业的角度指出，价值的创造过程包括企业的基本活动和支持性活动。企业的生产、销售、运输、售后服务等构成企业的基本活动，支持性活动主要包括技术、人力、财务、原材料供应等，这些活动相互联系从而构成企业价值的行为链条。波特认为，不同企业的价值链构成了广泛的价值系统，这个价值系统是供应商、制造商、分销商以及消费者的价值链相互链接而形成，因此价值链包括了内部价值链和外部价值链。内部价值链是由企业基本活动和支持性活动创造企业价值的过程，但是随着分工深化，制造业企业出于追求经济利润的目的会将服务外包给具有比较优势的生产性服务业。波特的价值链理论在强调价值链优势环节发展的同时，也强调了比较优势在产业分工中的重要作用。根据微笑曲线可知，在生产制造环节，附加值的创造存在于产业链的两端，即研发和销售环节，这恰好构成了生产性服务业，而中间的生产环节创造的附加值最低。当企业内外部价值链相互融合使单个企业行为逐渐演化为产业行为，企业价值链不断延伸从而形成产业价值链。因此，产业价值链是基于企业集合的角度，阐述产业关联系统中提供不同功能服务的关联性企业价值创造的系统。因而，企业价值链构成了产业价值链的基础。

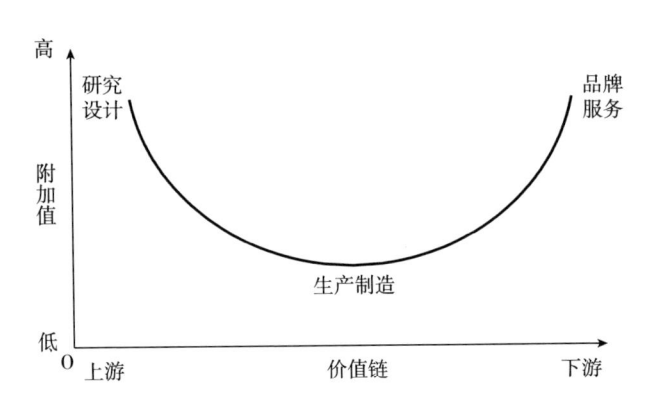

图 2-1 微笑曲线

四 新经济地理理论

传统的区位理论对于产业集聚问题提供了较早的探索。例如，冯·杜能的农业区位论、韦伯的工业区位论、沃尔特·克里斯泰勒的中心地理论、奥古斯特·穆勒的市场区位论等。但是这些理论并没有真正将空间因素纳入其一般分析框架，而是基于新古典经济学的理性选择假设解释了在企业选址的问题，因而受限于空间不可能定理。随着经济全球化的迅猛发展，作为空间经济学主要分支的新经济地理学为产业集聚问题的研究提供了更具有解释力的分析工具。

新经济地理学的产生与发展使产业集聚问题成为主流经济学研究的范畴。新经济地理学将报酬递增、运输费用及要素流动性纳入分析的框架，以迪克西特—斯蒂格利茨垄断竞争模型（简称D-S模型）和新贸易、新增长理论研究为理论基础，建立了具有规模报酬递增的垄断竞争一般均衡分析框架。Fujita（1998）的《空间集聚的垄断竞争模型：细分产品方法》和 Krugman（1991）的《报酬递增和经济地理》成为该学派的代表性著作。Krugman（1991）在借

第二章
文献综述与理论基础

鉴 D-S 模型（Dixit 和 Stiglitz 的垄断竞争模型）建立了中心—外围模型（Core-Periphery，C-P 模型）[①]，该模型将规模报酬递增和不完全竞争市场引入一般均衡分析框架中，以规模经济、垄断竞争和运输成本为基础阐释了产业集聚的微观原理，分析得出产业集聚是在收益递增和运输成本节约形成的"向心力"和集聚拥挤效应等形成的"离心力"的相互作用下形成发展。因此，认为运输成本与产业集聚水平之间存在倒"U"形关系，即当运输成本极高时，产业呈现空间分散的格局；当运输成本开始下降，由于路径依赖的存在（区域黏性），产业空间分散的格局不会很快发生变化，但是当运输成本达到某个特定临界值时，产业会不断向特定区域集中且产生累积效应，从而形成"中心—外围"的空间格局。

Venables（1996）基于产业关联的纵向视角分析了产业集聚形成的原因，他认为上下游产业之间由于不完全竞争和运输成本产生"前向关联"和"后向关联"，而运输成本的变化会引起产业集聚到产业扩散的变化，该模型对 C-P 模型存在要素流动障碍的局限进行了修正[②]。Krugman 和 Venables（1995）在 C-P 模型的基础上融入了企业间的投入—产出关联（垂直关联），从而构建了垂直关联模型（CPVL 模型），该模型从产业纵向关联的角度解释了相关联产业之间的协同集聚，为研究产业协同集聚提供了重要思路[③]。Amiti（2000）、Forslid 和 Midelfart（2005）等基于垂直关联产业的视角，分析了贸易成本、政府产业政策对产业链上下游企业协同集聚的影响机制。

新经济地理学主要阐述并讨论了产业活动的空间集聚，同时也涉及了空间外部性与溢出效应。产业空间集聚依赖于三种效应：其

[①] Krugman, P., *Geography and Trade*, Cambridge MA：MIT Press, 1991.

[②] Venables, A. J., "Equilibrium Location of Vertical Linked Industries", *International Economic Review*, Vol. 37, No. 2, 1996.

[③] Krugman, P. and Venables, A. J., "Globalization and the Inequality", *Quarterly Journal of Economics*, No. 4, 1995.

一,本地市场效应。基于规模经济及节约运输成本的考虑,企业倾向于布局在市场规模大的地区,便于就近销售。其二,生活成本效应,也称为价格效应。在集聚区内,企业生产的产品数量和种类越多,需要输入的产品就越少,那么产品价格会因为运输成本和贸易成本而相对较低,因而产生生活成本效应。生活成本效应吸引人口向集聚区迁移,市场规模再次扩大。本地市场效应和生活成本效应构成了集聚的向心力产生集聚效应,这种集聚效应具有循环累积自我强化的特征。其三,拥挤效应。集聚区内企业集中程度的提高加剧了对资源和消费者的竞争,加之区域间存在的地方保护等,企业选址时优先考虑竞争对手数量少的区域,由此形成分散力。Krugman(1999)指出市场规模效应、劳动力池以及纯外部经济构成了产业集聚的向心力,而要素的不可流动性、地租和纯外部不经济构成了主要的离心力。

五 产业协同理论

德国物理学家哈肯(1971)创立了协同思想。他认为,协同学是关于复杂系统中各子系统之间通过物质流、能量流或者信息流等相互协调作用的科学。开放的系统中,多种因素的影响与作用导致系统呈现出有序或无序的结果。当系统各要素之间没有形成相互耦合的关系,那么各子系统之间则呈现无序状态;当各要素之间形成了相互适应、相互协作、相互配合以及相互促进的有序状态,说明各子系统之间产生了协同效应。因此,"协同产生有序"是协同理论基本的思想基础。

产业协同是一个具有复杂开放性特征的多元素系统,各子系统基于关联性相互配合、协作,从而产生协同效益、形成协同竞争优势[1]。从产业范围来看,产业协同构成应该包含同一产业内部各子系统的协同与产业之间各子系统的协同。因此,产业协同是一个从

---

[1] Forslid, R. and Midelfart, K. H., "Internationalisation, Industrial Policy and Clusters", *Journal of International Economics*, Vol. 66, No. 1, 2005.

原本在各自产业系统内升级演化向产业间相互影响、相互促进实现共同演进方式的动态转变过程。产业协同可以通过产业之间具有的高关联性、高融合性以及高渗透性来提升产业的竞争力。从产业协同理论的角度来看，产业集聚的形成应该归功于产业之间以及产业内部企业在生产、营销、管理、技术等方面相互配合、相互协作，从而促进知识、技术水平不断提高，实现"1+1>2"的协同效应。

六 经济增长理论

由索罗（1956）[①]等经济学家创建的新古典增长理论，强调了技术进步在经济增长中的重要作用，在假定规模报酬不变与要素边际报酬递减的条件下，得出了新古典经济增长的一般均衡模型。索罗的新古典经济增长理论认为，资本积累只能在短期内促进经济增长，技术进步是促进经济可持续长期增长的重要源泉。但是，索罗模型只是简单假定存在外生的技术进步，并且以固定比率增长，产出、资本存量及消费都存在劳均意义上的长期经济增长。

经济学家罗默（1989）[②]和卢卡斯（1988）[③]等在修正了新古典增长模型中的规模报酬不变、要素边际收益递减以及技术进步外生等假设前提的基础上，将技术进步内生化，提出了新经济增长理论。新经济增长理论致力于分析经济系统中内生因素对经济增长的作用结果，因此也被称为内生经济增长理论。罗默基于三部门经济（即中间产品部门、最终产品部门和R&Q部门），通过引入资本、劳动、人力资本和知识存量四种基本投入要素建立了知识内生的经济增长模型，他认为知识作为重要的生产要素，并不外生于经济体，通过知识的外部溢出效应提高长期经济增长率。同时，罗默还分析了知识外溢、人力资本与技术创新对经济增长的内生作用机

[①] Solow, R. M., "A Contribution to the Theory of Economic Growth", *Quarterly Journal of Economics*, Vol. 70, No. 1, 1956.

[②] Romer, P. M., "Endogenous Technological Change", *Journal of Political Economy*, Vol. 14, No. 9, 1989.

[③] Lucas, Robert E., "On the Mechanics of Economic Development", *Journal of Monetary Economics*, Vol. 22, No. 1, 1988.

制，得出经济增长是人力资本存量的递增函数，人力资本存量和知识存量增加了人力资本的边际产品。卢卡斯则在其经济增长模型中引入了教育部门，创建了以人力资本为核心的内生增长理论。他认为，人力资本存在的外在效应具有收益递增的趋势，这成为经济长期增长的重要源泉。内生经济增长理论也为研究与开发和政府干预影响经济提供了理论依据，代表学者巴罗（1990）分析了内生增长模型中政府财政支出产生的正外部性对经济增长产生重要影响，同时也得出了内生增长的最优财政支出。阿格赫恩和豪威特（1992）[1]基于熊彼特的"创造性破坏"的思想，提出了新熊彼特模型，该模型认为竞争性厂商的垂直产品是经济增长的重要源泉。

发展经济学的结构主义则认为产业结构也是促进经济增长的主要因素之一。刘易斯（1954）的"工业化带动论"，指出发展中国家经济增长源自现代工业部门的扩张，其为传统农业部门剩余劳动力的转移及就业提供重要的途径，只有当农业剩余劳动力实现充分就业，经济才能实现增长[2]。库兹涅茨（1981）[3]认为技术变迁和产业结构升级是现代经济增长模式的重要特征，发展中国家经济停滞的原因之一就是受传统产业发展的束缚，而产业结构的演进变化，将促使传统农业部门的剩余劳动力流向工业部门尤其是制造业部门，从而加速国家经济的增长。同时，库兹涅茨对于收入分配结构在不同国家经济增长中的变化趋势也进行了对比研究，得出了"库兹涅茨倒'U'形曲线"假说，即：在经济发展的低水平阶段，收入分配差距呈现扩大趋势；随着经济发展水平的不断提高，收入分配差距具有趋于缩小的态势。

非均衡增长理论的提出则更有效地解释了现实中地区经济发展

---

[1] Aghion, P. and Howitt, P., "A Model of Growth through Creative Destruction", Econometric, Vol. 60, No. 2, 1992.

[2] Lewis, W. A., "Economic Development With Unlimited Supplies Of Labor", Manchester School of Economic Social Studies, Vol. 22, No. 2, 2005.

[3] 西蒙·库兹涅茨：《现代经济的增长：速度、结构与扩展》，戴睿、易诚译，商务印书馆1981年版。

第二章 文献综述与理论基础

的差异性,以及在二元经济条件下经济增长依赖于地区间的非均衡性。佩鲁(Perroux)在《经济空间:理论的应用》和《略论增长极的概念》①中首次提出了增长极概念,其包含了两个层次的含义,即具有较强拉动作用的产业和中心城镇。增长极由物理学中的"磁极"引申而来,经济空间中存在的"磁极"在吸引力和排斥力的作用下对周边产生一定范围的"场域",磁极和周边场域具有不同的增长速度。增长极由于其自身经济活动范围的增大而获得规模经济和外部经济,除此之外,还对周边产生支配效应、乘数效应和极化与扩散效应。极化与扩散效应作为增长极理论存在的一个重要前提假设,隐含着空间溢出的效应,且这种溢出存在门槛特征,发展初期主要表现为要素的极化效应,后期则主要以扩散效应为主。缪尔达尔(1957)出版的《经济理论和不发达地区》②在增长极理论的基础上提出了"扩散效应"和"回波效应"的概念,认为生产要素在增长极与周边地区之间的流动会产生两种正负效应:回波效应是增长极吸引要素回流从而对周边地区产生不利影响,扩大区域之间的差距;扩散效应则是生产要素由增长极向周边地区扩散从而促进周边地区发展,缩小区域间差距。而且在市场机制的作用下,回流效应大于扩散效应,即扩大了区域间差距,使经济在空间上出现了"地理二元经济结构"。赫希曼(1958)在《经济发展战略》③中提出了"核心区—边缘区"理论。该理论认为,核心区与边缘区之间同时受到"涓流效应"和"极化效应"的影响,涓流效应是核心区对边缘区的促进作用,极化效应是核心区对边缘区的不利影响。在市场机制的作用下,"极化效应"大于"涓流效应",从而扩大地区间的差距。但是核心区由于极化效应出现的拥挤问题以及政府对边缘区的干预和调节,势必使"涓流效应"占主导地位。

---

① Perroux, F., *Regional Economics: Theory and Practice*, New York: The Free Press, 1970.
② 缪尔达尔:《经济理论和不发达地区》,商务印书馆1957年版。
③ 赫希曼:《经济发展战略》,曹征海、潘照东译,经济科学出版社1991年版。

第三节　理论分析框架

本书的理论分析框架如图 2-2 所示。由于经济增长和产业结构升级分别反映的是经济发展的"量"和"质"，而地区经济发展的不平衡最终体现在地区收入差距上。因此，本书主要从经济增长、产业结构升级、地区收入差距三个方面分析产业协同集聚的经济效应形成机理。从经济增长的角度来看，产业协同集聚对经济增长的影响，主要体现在集聚效应和拥挤效应上。生产性服务业与制造业协同集聚，通过深化专业化分工、促进技术创新、提高资源利用效率、改善投资环境产生的集聚效应促进地区经济增长，而经济过度

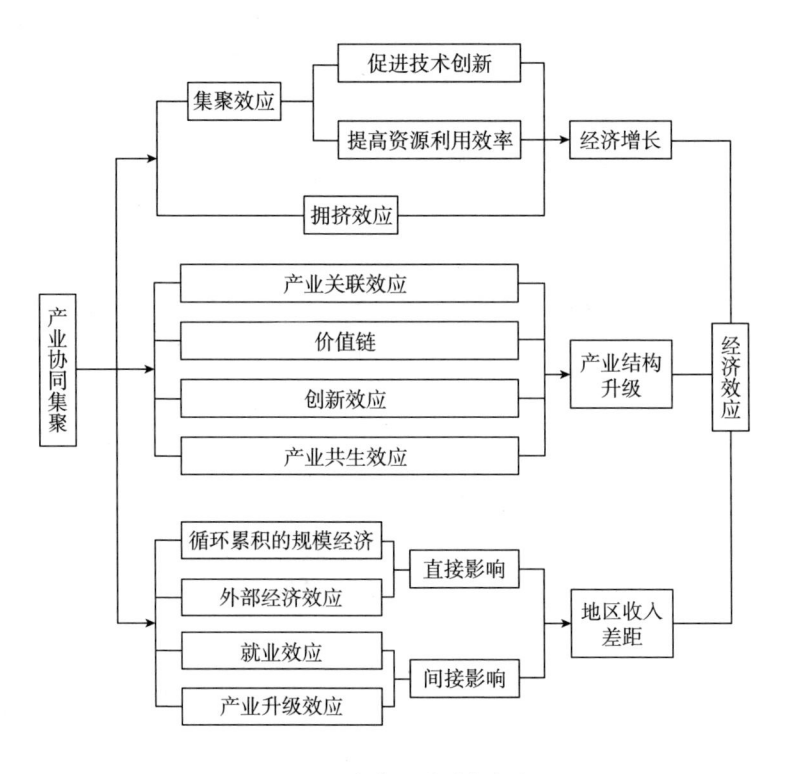

图 2-2　本书理论分析框架

集聚导致要素配置比例失调产生的拥挤效应则对地区经济增长产生抑制作用。从行业异质性的角度出发，特定区域内生产性服务业与制造业协同集聚必然呈现出集聚效应和拥挤效应，即产业协同集聚的经济增长效应应该是集聚效应和拥挤效应综合作用产生的结果。

产业协同集聚主要通过产业关联效应、价值链、创新效应和产业共生效应对产业结构升级产生影响作用。投入产出关联是生产性服务业与制造业协同集聚影响产业结构升级的重要机制。投入产出关联和专业化分工产生的规模效应和资源优化配置，有利于促进产业结构升级。从价值链角度来看，生产性服务业通过将专业化服务嵌入制造业生产的各环节促进产业链不断延伸，从而促进产业结构升级。产业协同集聚还会通过人力资本集聚和知识溢出产生的技术创新促进产业结构升级。从产业共生经济角度来看，协同集聚能够使生产性服务业与制造业形成互补型链接关系，促进生产要素融合、降低交易成本，促进产业结构升级。

从地区收入差距方面来看，产业协同集聚通过循环累积的规模经济效应和外部经济效应对地区收入差距产生直接影响，通过就业效应和产业升级效应间接影响地区收入差距。这里的"就业效应"是指生产性服务业与制造业协同集聚对劳动力产生的引致需求，从而引起人口迁移至产业集聚地。

基于上述理论分析框架，本书将在后续各章针对产业协同集聚对经济增长、产业结构升级以及地区收入差距的影响机制展开具体的分析。

第三章 长三角城市群产业协同集聚水平测度

本章将从量化分析的角度探索长三角城市群生产性服务业与制造业协同集聚的发展变化趋势及空间特征。从产业规模与产业结构两个角度描述上海市、江苏9市，浙江8市、安徽8市制造业与生产性服务业的发展现状。借鉴已有的产业协同集聚指标，对长三角城市群制造业与生产性服务业2004—2016年整体协同集聚水平进行测算与分析，并且比较不同城市之间以及不同等级城市之间的产业协同集聚差异。基于空间视角，通过测算全局 Moran's I 指数和局部 Moran's I 指数，来考察长三角城市群制造业与生产性服务业协同集聚发展趋势及空间分布状态。

第一节 长三角城市群生产性服务业与制造业发展的特征性事实

改革开放以来，长三角地区产业结构随着经济的快速发展而不断调整优化，产业结构基本呈现典型的"三二一"型产业布局。由表3-1所示，自2004年开始，上海市、江苏省、浙江省第三产业的比重不断上升，2016年两省一市的第三产业比重均超过了50%，上海市第三产业比重达到了70.5%。但是，2004—2016年，安徽省产业结构持续呈现"二三一"的产业布局特征,第三产业所占比重上升缓慢,明显落后于长三角其他两省一市,同时也落后于全国平均水平。

表3-1　　　　　　　长三角城市群产业结构对比

地区	三次产业结构		
	2004年	2009年	2016年
上海	1.3:50.8:47.9	0.7:39.9:59.4	0.4:29.1:70.5
江苏	8.5:56.5:35	6.5:54.1:39.4	5.3:44.5:50.2
浙江	7.3:53.7:39	5.1:51.9:43	4.2:44.1:51.7
安徽	19.3:45.1:35.6	14.9:48.8:36.3	10.6:48.4:41
全国	15.2:53:31.8	10.6:46.8:42.6	8.6:39.8:51.6

资料来源:《中国统计年鉴》(2005—2017)。

一　上海市

2016年,上海市GDP为27466.2亿元,在全国GDP中所占比重为3.7%。第三产业增加值为19362.3亿元,增长9.5%,第三产业增加值在上海市GDP中占比达到70.5%。生产性服务业增加值12409.5亿元,占第三产业比重为64.1%,占GDP比重为45.2%。从行业内部来看,金融业4765.8亿元,占生产性服务业增加值的比重为39%,是生产性服务业的第一大行业;房地产业2125.6亿元,占比17%;信息传输、计算机服务和软件业1647.7亿元,占比13.2%;租赁和商务服务业1628.1亿元,占比13.1%;交通运输、仓储和邮政业1237.3亿元,占比10%;科学研究和技术服务业1004.9亿元,占比8%。尽管生产性服务业具有技术含量高、规模经济显著、劳动生产率提升快的特征,但是其行业内部存在较大差异。

根据图3-1可知,2004—2016年长三角生产性服务业内部结构呈现出高级化趋势。"金融业"作为经济主体投融资重要的媒介

◇ 产业协同集聚的经济效应研究

发展迅速，所占比重由24%上升至39%。"房地产业"比重由2004年的27%下降至2016年的17%，说明上海产业结构的不断优化能够降低国民经济对于房地产业的依赖程度。"交通运输、仓储和邮政业"作为要素流动的重要载体，所占份额由2004年的20%下降为2016年的10%。"信息传输、计算机服务和软件业""租赁和商务服务业""科学研究和技术服务业"所占比重均小幅上升，说明这些行业在国民经济中的作用有所提升。2016年"信息传输、软件和信息技术服务业""科学研究和技术服务业""金融业""房地产业"高端生产性服务业所占比重达到77%，反映了上海市生产性服务业结构向高端化演进的趋势。

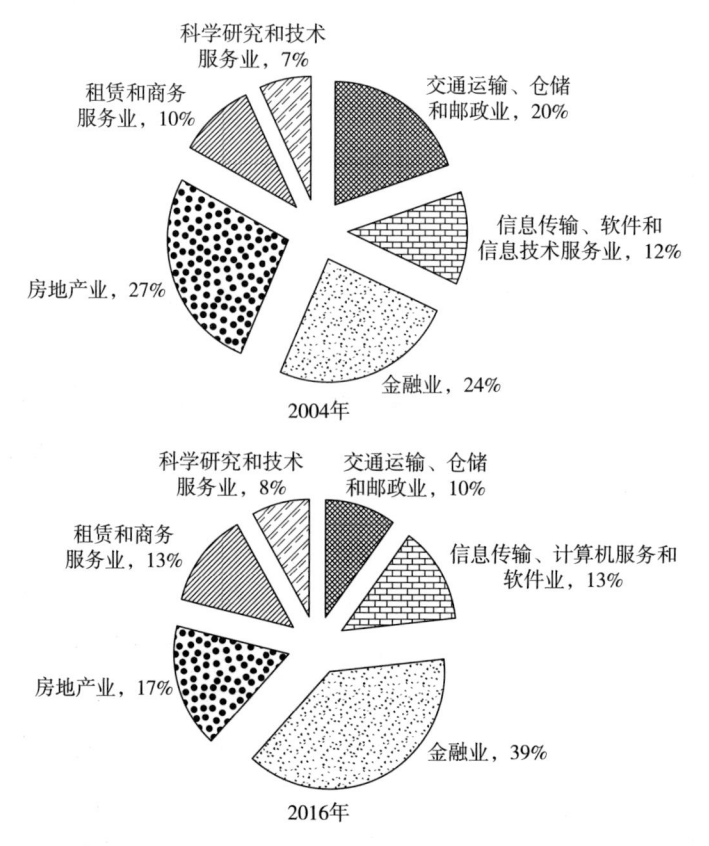

图3-1 2004年和2016年上海生产性服务业增加值构成比

2016年上海市制造业总产值29613.7亿元，其中总产值超过1000亿元的制造业及其所占制造业总产值比重如图3-2所示，这八大制造业总产值占制造业总产值比重为71.3%。其中，汽车制造业5849.9亿元，占比19.8%；计算机、通信和其他电子设备制造业5081.98亿元，占比17.2%；化学原料和化学制品制造业2463.5亿元，占比8.3%。

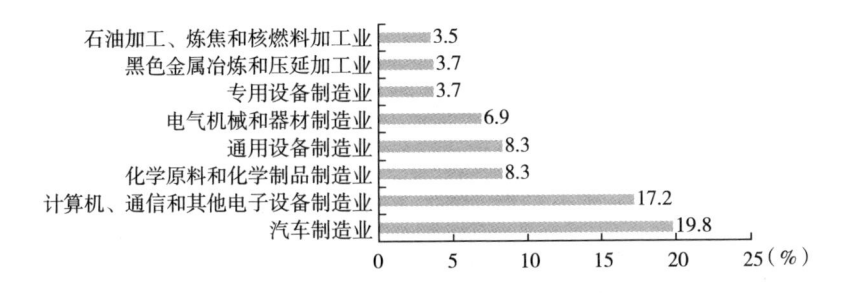

图3-2 2016年上海市八大制造业及其占比

二 江苏省（9市）

2016年，江苏省GDP为76086.2亿元，在全国GDP中占比10.2%。长三角城市群江苏9市GDP合计为64691亿元，占全省GDP的85%。苏州市、南京市、无锡市GDP合计占比达到54.4%。从产业结构来看，江苏9市三次产业结构整体已呈现"三二一"的特征，但是盐城、扬州、镇江的第二产业增加值比重略高于第三产业比重（见表3-2）。江苏9市第三产业增加值为32752.95亿元，占GDP比重为51%。其中，生产性服务业增加值16673亿元，在第三产业增加值中占比50.9%，占GDP比重为25.8%。从行业内部来看（见图3-3），金融业4921.95亿元，占生产性服务业增加值的比重为29%，是生产性服务业的第一大行业；房地产业4139.96亿元，所占比重为25%；租赁和商务服务业2624.9亿元，所占比重为16%；交通运输、仓储和邮政业2051.1亿元，所占比重为12%；信息传输、计算机服务和软件业1923.5亿元，所占比重为

12%；科学研究和技术服务业 1011.6 亿元，所占比重为 6%。

表 3-2　　　　2016 年江苏 9 市三次产业构成　　　　单位:%

地区	第一产业比重	第二产业比重	第三产业比重
南京	2	39	59
无锡	2	47	51
常州	3	46	51
苏州	1	47	52
南通	5	47	48
盐城	11	45	44
扬州	6	49	45
镇江	3	49	48
泰州	6	47	47
城市群	3	46	51

资料来源：《江苏统计年鉴（2017）》。

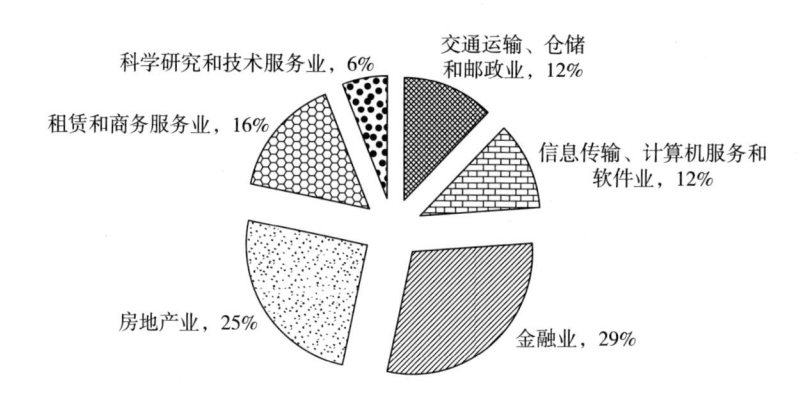

图 3-3　2016 年江苏省 9 市生产性服务业增加值构成比

2016 年，江苏 9 市制造业总产值 122314.3 亿元，占江苏省制造业总产值的 80.5%。排名前八的制造业如图 3-4 所示，前八大制造业总产值占比 66.7%。其中，计算机、通信和其他电子制造业 17623.7 亿元，占比 14.4%；电气机械和器材制造业 15533.7 亿元，占比12.7%；化学原料和化学制品制造业14266.6亿元，占比11.7%。

```
计算机、通信和其他电子设备制造业    14.4
电气机械和器材制造业              12.7
化学原料和化学制品制造业           11.7
通用设备制造业                    6.5
汽车制造业                        6.2
黑色金属冶炼和压延加工业           5.9
纺织业                            4.8
金属制品业                        4.5
                          0   5   10   15   20(%)
```

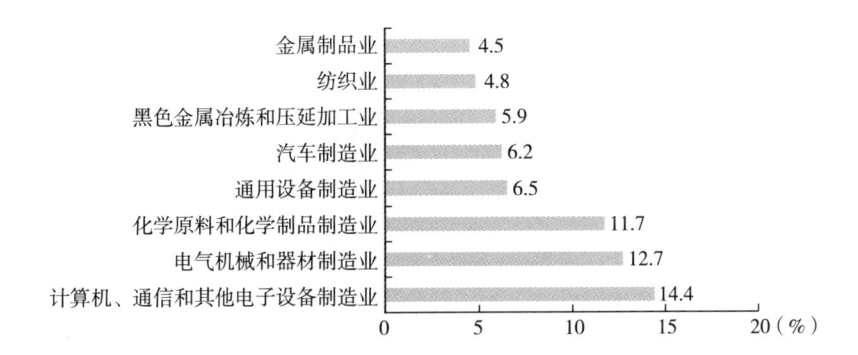

图3-4　2016年江苏省9市八大制造业及其构成

三　浙江省（8市）

2016年，浙江省GDP为47251.4亿元，在全国GDP中占比6.4%。长三角城市群浙江8市GDP合计为39760.5亿元，占全省GDP的84.1%。杭州市、宁波市、绍兴市GDP合计占比达到52.5%。从产业结构来看，浙江8市三次产业结构整体已呈现"三二一"的特征，但是宁波、嘉兴、湖州、绍兴的第二产业增加值比重高于第三产业比重（见表3-3）。浙江8市第三产业增加值为20219.4亿元，占GDP比重为51%。其中，生产性服务业增加值10222.3亿元，在第三产业增加值中占比50.6%，占GDP比重为25.7%。从行业内部来看（见图3-5），交通运输、仓储和邮政业2608.3亿元，占生产性服务业增加值的比重为26%，是生产性服务业的第一大行业；信息传输、计算机服务和软件业2045.9亿元，占比20%；金融业1968.1亿元，占比19.3%；房地产业1894.6亿元，占比18.5%；租赁和商务服务业1174.8亿元，占比12%；科学研究和技术服务业530.6亿元，占比5.2%。

表 3-3　　　　　　2016年浙江8市三次产业构成　　　　　　单位:%

城市	第一产业比重	第二产业比重	第三产业比重
杭州	3	36	61
宁波	4	51	45
嘉兴	4	52	44
湖州	6	48	46
绍兴	4	50	46
舟山	10	41	49
金华	4	45	51
台州	7	43	50
城市群	4	45	51

资料来源:《浙江统计年鉴(2017)》。

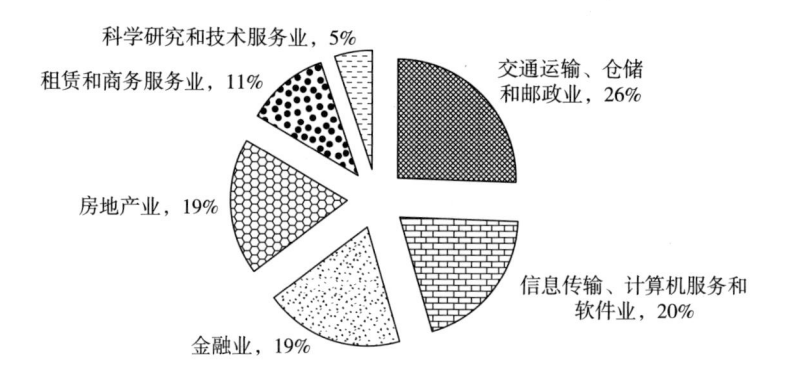

图 3-5　2016年浙江省8市生产性服务业增加值构成比

浙江省制造业总产值63735.7亿元。排名前八的制造业如图3-6所示,前八大制造业总产值占比56%。其中,电气机械和器材制造业6725.9亿元,占比10.6%;纺织业6030亿元,占比9.5%;化学原料和化学制品制造业5381.7亿元,占比8.4%。

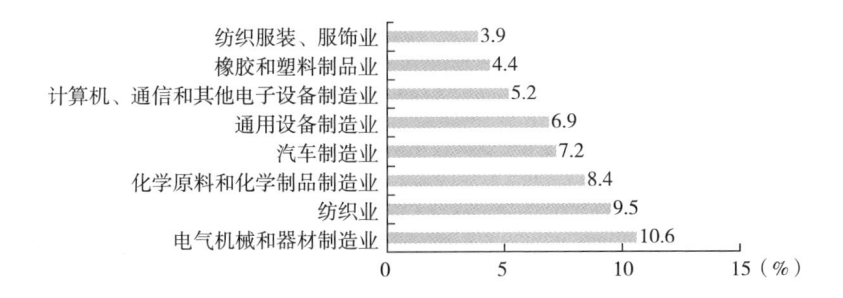

```
纺织服装、服饰业     3.9
橡胶和塑料制品业     4.4
计算机、通信和其他电子设备制造业  5.2
通用设备制造业       6.9
汽车制造业          7.2
化学原料和化学制品制造业 8.4
纺织业             9.5
电气机械和器材制造业   10.6
         0    5    10   15（%）
```

图3-6　2016年浙江八大制造业及其构成

四　安徽省

2016年，安徽省GDP为24117.9亿元，在全国GDP中占比3.3%。长三角城市群安徽8市GDP合计为16025.7亿元，占全省GDP的66.4%。合肥市、芜湖市、安庆市GDP合计占比达到43.6%。从产业结构来看，安徽省8市三次产业结构整体呈现"二三一"的特征，合肥、滁州、马鞍山、芜湖、铜陵的第二产业增加值比重高于50%（见表3-4）。安徽8市第三产业增加值为6600.4亿元，占GDP比重为41%。其中，生产性服务业增加值3355.5亿元，在第三产业增加值中占比50.8%，占GDP比重为20.9%。从行业内部来看（见图3-7），金融业983.6亿元，占生产性服务业增加值的比重为29%，是生产性服务业的第一大行业；房地产业722.1亿元，所占比重为22%；租赁和商务服务业606.4亿元，所占比重为18%；交通运输、仓储和邮政业549.1亿元，所占比重为16%；信息传输、计算机服务和软件业277.2亿元，所占比重为8%；科学研究和技术服务业217.1亿元，所占比重为7%。

表3-4　　　　2016年安徽省8市三次产业构成　　　　单位:%

城市	第一产业比重	第二产业比重	第三产业比重
合肥	4	51	45

续表

城市	第一产业比重	第二产业比重	第三产业比重
滁州	16	50	34
马鞍山	6	55	39
芜湖	5	56	39
宣城	12	47	41
铜陵	5	60	35
池州	12	44	44
安庆	13	47	40
城市群	7	52	41

资料来源：《安徽统计年鉴（2017）》。

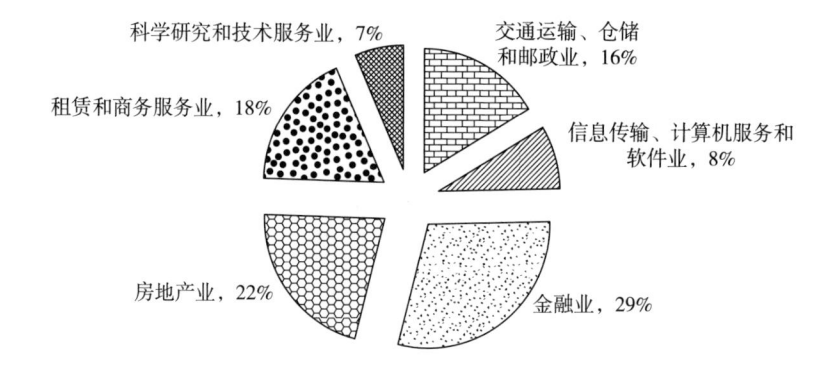

图 3-7 2016 年安徽省 8 市生产性服务业增加值构成比

安徽省制造业增加值 8605.9 亿元，在 GDP 中所占比重为 35.7%。排名前八的制造业如图 3-8 所示，前八大制造业总产值占比 56%。其中，电气机械和器材制造业 1131.98 亿元，占比 13.2%；非金属矿物制品业 632 亿元，占比 7.3%；化学原料和化学制品制造业 565.1 亿元，占比 6.6%。

从长三角城市群整体来看（见图 3-9），上海市 GDP 占比 16%、制造业产值占比 13%、生产性服务业增加值占比 29%；江苏 9 市 GDP 占比 43%、制造业产值占比 54%、生产性服务业增加值占比39%；浙江8市GDP占比27%、制造业产值占比24%、生产性服务业增加值占比24%；安徽GDP占比14%、制造业产值占比9%、生产性服务业增加值占比8%。

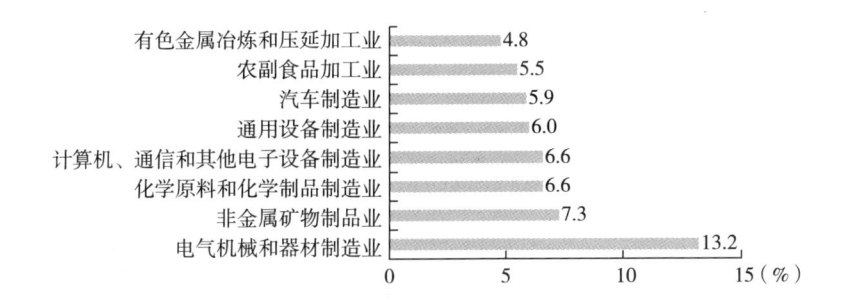

图3-8 2016年安徽省八大制造业及其构成

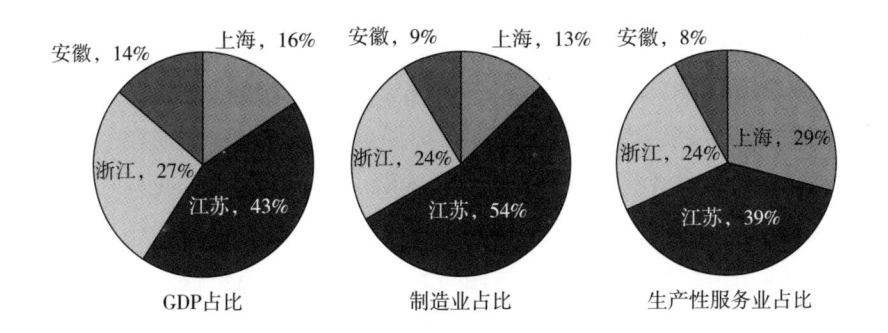

图3-9 2016年长三角城市群GDP、制造业、生产性服务业占比

第二节 长三角城市群生产性服务业与制造业协同集聚测度

一 指标选择

国内外学者根据具体的研究对象构建了不同的产业协同集聚测度指标。Ellison和Glaeser（1997）首先基于产业和企业两个维度构

— 51 —

建了 E-G 指数来测度产业协同集聚水平。E-G 指数自提出以来，国内外学者主要将其应用于单一产业集聚状态的研究（Rosenthal 和 Strange，2001；Barrios 和 Strobl，2004；罗勇和曹丽莉，2005；路江勇和陶志刚，2006；高丽娜和卫平，2012）。Duranton 和 Overman（2005，2008）基于厂商微观数据与厂商空间位置数据，采用非参数密度估计模型构造了 D-O 指数来测度产业协同集聚水平。Stephen 和 Erik（2016）基于 Wasserstein 距离构建了适用于测度城市内部产业协同集聚水平的 Coloc 指数。上述三个产业协同集聚指数对数据均有较高的要求，因此在应用中受到了很大的限制。Devereux 等（2004）对 E-G 指数做了一定程度的简化，构建了 E-G 共同集聚指数，使产业协同集聚指标的测算不再需要企业层面的微观数据，在研究中得到了广泛应用（陈国亮和陈建军，2012；江曼琦和席强敏，2014；朱慧等，2015；刘叶和刘伯凡，2016）。

国内学者在结合中国实践的基础上，也尝试构建了一些具有实际可操作性的产业协同集聚测度指标并且得到了广泛的使用。陈国亮和陈建军（2012）基于刘志彪等（2008）的思想，首先构建了测度地区（城市）层面的产业协同集聚指数。杨仁发（2013）、陈晓峰和陈昭峰（2014）在借鉴陈国亮和陈建军（2012）的研究基础上构建了衡量地区（城市）产业协同集聚水平的指数。刘月等（2016）借鉴 Ellison 和 Glaeser（1997）、Ellison（2010）的研究思想，构建了适用于城市层面产业协同集聚修正 E-G 指数。由于不同的产业协同集聚指标具有不同的优势和不足，因此，基于数据的可获得性，本书采用 Devereux（2004）、杨仁发（2013）构建的产业协同集聚指数来测度长三角城市群的整体协同集聚水平和区域内部不同城市各自的协同集聚水平。计算公式如下：

$$\text{城市群整体产业协同集聚指数}: C(r) = \frac{G_r - \sum_{j=1}^{r} w_j^2 G_j}{1 - \sum_{j=1}^{r} w_j^2} \quad (3-1)$$

其中，$W_j = T_j / \sum_{j=1} T_j$ 为权重系数，采用产业就业人数表示，T_j 表示 j 产业总就业人数；G 表示产业地理集中度，通常采用赫芬达尔指数进行计算，计算公式为：$G = \sum_{k=1} s_k^2 - (1/K)$，$s_k$ 表示单个产业或多个产业在第 k 地区的就业人数在全国单个产业或多个产业中所占的比重，K 表示地区个数；G_r 表示第 r 个地区两个产业或多个产业的就业人数占全国相应产业的比重；G_j 表示单个产业 j 的就业人数占全国就业人数的比重。

区域内部各城市产业协同集聚指数：

$$co = 1 - |LQ_{iz} - LQ_{jz}|/(LQ_{iz} + LQ_{jz}) \qquad (3-2)$$

其中，LQ_{iz}、LQ_{jz} 表示单个产业 i 或 j 的集聚水平，一般采用区位熵来衡量，计算公式为：$LQ_{iz} = (e_{iz}/E_z)/(e_i/E)$，$e_{iz}$ 表示第 i 个城市中 z 产业的就业人数，E_z 表示全国 z 产业的就业人数，e_i 表示第 i 个城市总就业人数，E 表示全国总就业人数。

二　数据说明

2002 年国家统计局公布的《国民经济行业分类与代码》对服务业的活动类别进行了调整，服务业的类别由 11 个行业增加至 14 个行业。2003 年开始，相关统计年鉴开始按照行业划分新方法公布数据，因此，本书以 2004 年作为研究的起始年度。

在产业数据选取过程中，本书基于数据的可获得性将制造业作为一个整体，并没有按照两位数编码对其进行行业细分。生产性服务业则按照前文界定的行业范围选取数据。而且，通过查阅相关统计年鉴，发现生产性服务业分行业就业数据更具有连续性，因此，基于数据统计口径一致性的考虑，本书测算产业协同集聚指数的数据均来自《中国城市统计年鉴》中的分行业年末单位从业人员数。年鉴中缺失的数据采用插值法补齐。城市层面的数据采用了以"全市"为统计口径的数据，"全市"包括市区、市辖县及县级市。

三　生产性服务业与制造业协同集聚测度结果分析

（一）长三角生产性服务业与制造业协同集聚的整体性特征

根据区域整体产业协同集聚指数的计算公式（3-1），这一部分主要测度了制造业、生产性服务业和二者之间的赫芬达尔指数以及在此基础上测算出来的产业协同集聚指数。

1. 赫芬达尔指数测度结果

（1）制造业赫芬达尔指数。根据图 3-10 可以看出，2004—2016 年长三角 26 个城市制造业赫芬达尔指数整体呈现倒"N"形变化趋势。自 2015 年开始，制造业赫芬达尔指数呈现下降趋势，2010 年赫芬达尔指数达到最低点。2011 年开始回升，2014 年开始再次下降。说明长三角各城市的发展模式已经不再是单纯依靠制造业集聚来推动地区经济发展，地方政府应该考虑转变产业发展政策。

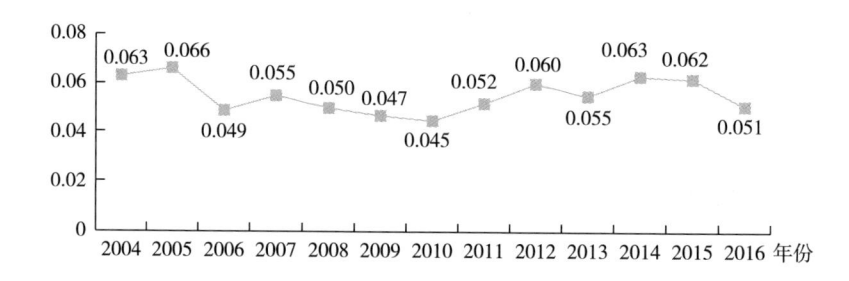

图 3-10　2004—2016 年长三角制造业赫芬达尔指数

（2）生产性服务业赫芬达尔指数。这一部分主要测度了生产性服务业整体及其细分行业的赫芬达尔指数。由表 3-5 可知，2004—2016 年长三角地区整体生产性服务业赫芬达尔指数呈现波动式增长趋势。从各细分行业来看，交通运输、仓储和邮政业的赫芬达尔指数呈现波动上升趋势，2013 年达到峰值后开始下降；信息传输、计算机服务和软件业的赫芬达尔指数呈现出波动式上升趋势；金融业的赫芬达尔指数呈现稳定上升趋势；房地产业的赫芬达尔指数总体呈现下降趋势；租赁和商业服务业赫芬达尔指数呈现"U"形变化趋势，2005 年开始持续下降，2012 年达到最低，之后快速上升；科学研究、技术服务和地质勘查业的赫芬达尔指数呈现"N"形变化趋势，2004—2009 年赫芬达尔指数呈现逐步上升趋势，之后开始下降，2012年达到最低点以后出现了上升趋势。生产性服务业及其细分行业赫芬达尔指数的变化趋势说明，长三角地区的生产性服务业正处于转型发展变化阶段，以信息传输、计算机服务和软件业、金融业等为主的高端生产性服务业集聚度不断提高。

表3-5　　2004—2016年长三角生产性服务业赫芬达尔指数

年份	sc	jt	xx	jr	fd	zl	kx
2004	0.081	0.167	0.070	0.058	0.175	0.214	0.164
2005	0.102	0.175	0.124	0.076	0.235	0.317	0.184
2006	0.082	0.154	0.072	0.080	0.149	0.185	0.188
2007	0.154	0.158	0.095	0.090	0.158	0.197	0.200
2008	0.149	0.161	0.101	0.086	0.172	0.166	0.219
2009	0.129	0.141	0.110	0.079	0.161	0.143	0.233
2010	0.143	0.162	0.112	0.093	0.128	0.133	0.226
2011	0.140	0.164	0.111	0.095	0.162	0.144	0.122
2012	0.129	0.144	0.095	0.096	0.143	0.114	0.097
2013	0.155	0.195	0.172	0.093	0.133	0.179	0.131
2014	0.150	0.170	0.153	0.094	0.160	0.264	0.160
2015	0.166	0.175	0.162	0.090	0.155	0.266	0.162
2016	0.137	0.140	0.154	0.089	0.135	0.228	0.138

注：sc代表生产性服务业，jt代表交通运输、仓储和邮政业，xx代表信息传输、计算机服务和软件业，jr代表金融业，fd代表房地产业，zl代表租赁和商业服务业，ky代表科学研究、技术服务和地质勘查业。

（3）生产性服务业与制造业赫芬达尔指数。这一部分测度了制造业与生产性服务业，以及制造业与生产性服务业各细分行业的赫芬达尔指数。由图3-11可以看出，2004—2016年长三角地区制造业与生产性服务业整体的赫芬达尔指数呈现倒"N"形变化趋势，2015年出现下降趋势。制造业与六个生产性服务业细分行业的赫芬达尔指数变动趋势基本一致，均呈现波动增长趋势，2015年出现下降趋势。

◆ 产业协同集聚的经济效应研究

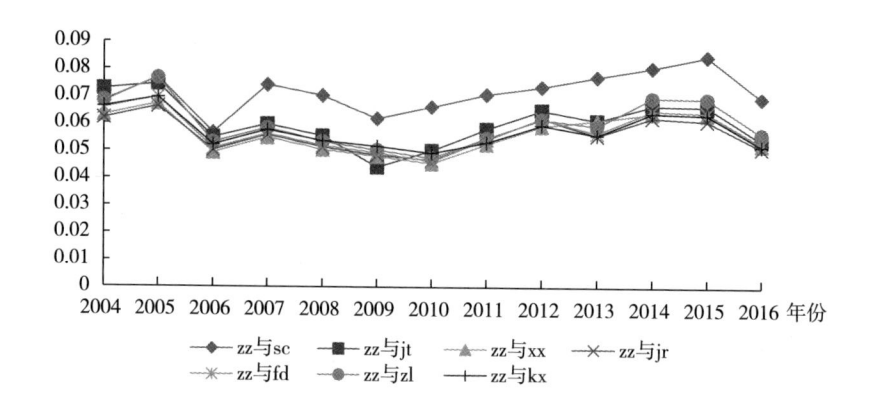

图 3-11 2004—2016年长三角制造业赫芬达尔指数

2. 生产性服务业与制造业协同集聚指数测度结果

根据公式（3-1），本书对制造业与生产性服务业及其细分行业的协同集聚指数进行了测算，结果如表3-6所示。从测度结果来看，2004—2016年长三角地区制造业与生产性服务业整体协同集聚指数呈现出波动式下降趋势。

表 3-6　　　　　2004—2016年长三角生产性服务业与
制造业协同集聚指数

年份	zz与sc	zz与jt	zz与xx	zz与jr	zz与fd	zz与zl	zz与kx
2004	0.0686	0.0929	0.0615	0.0571	0.0949	0.1063	0.0902
2005	0.0782	0.0957	0.0832	0.0659	0.1129	0.1291	0.0976
2006	0.0556	0.0695	0.0486	0.0539	0.0718	0.0770	0.0763
2007	0.0650	0.0756	0.0598	0.0613	0.0783	0.0870	0.0848
2008	0.0618	0.0734	0.0591	0.0576	0.0794	0.0774	0.0847
2009	0.0530	0.0733	0.0594	0.0533	0.0742	0.0704	0.0848
2010	0.0582	0.0680	0.0561	0.0550	0.0633	0.0653	0.0794
2011	0.0649	0.0800	0.0612	0.0642	0.0806	0.0776	0.0654
2012	0.0673	0.0849	0.0499	0.0715	0.0836	0.0750	0.0556

续表

年份	zz 与 sc	zz 与 jt	zz 与 xx	zz 与 jr	zz 与 fd	zz 与 zl	zz 与 kx
2013	0.0671	0.0757	0.0887	0.0577	0.0684	0.0780	0.0621
2014	0.0683	0.0741	0.0678	0.0571	0.0768	0.0918	0.0703
2015	0.0691	0.0743	0.0690	0.0549	0.0755	0.0904	0.0699
2016	0.0567	0.0590	0.0578	0.0492	0.0621	0.0734	0.0554
平均值	0.0641	0.0751	0.0632	0.0584	0.0786	0.0845	0.0751

从生产性服务业各细分行业来看，制造业与交通运输、仓储和邮政业以及制造业与金融业的协同集聚指数呈现倒"N"形变化趋势；制造业与信息传输、计算机服务和软件业的协同集聚指数呈现"U"形变化趋势，2013年达到峰值后呈现下降趋势；制造业与房地产业的协同集聚指数呈现波动下降趋势；制造业与租赁和商业服务业协同集聚指数呈现先下降后略微上升的变化趋势；制造业与科学研究、技术服务和地质勘查业的协同集聚指数整体呈现下降趋势。通过对比产业协同集聚指数的均值可以看出，租赁和商业服务业与制造业协同集聚指数相对最高，金融业与制造业协同集聚指数相对最小；而制造业与信息传输、计算机服务和软件业的协同集聚指数接近整体协同集聚指数；其他三个细分产业与制造业的协同集聚指数差异较小。

（二）长三角各城市生产性服务业与制造业协同集聚的特征

1. 基于行业层面的协同集聚特征

根据公式（3-2），本书对2004—2016年长三角城市群的制造业与生产性服务业及其细分行业的协同集聚指数进行了测算。由于数据量较大，本书通过计算每年的协同集聚指数平均值和标准差来进行分析说明，结果如表3-7所示。由表可以看出，2004—2016年长三角城市群制造业与生产性服务业整体协同集聚指数均值呈现出先下降后缓慢上升的"V"形变动趋势，2004年协同集聚指数均值为0.7803，2016年协同集聚指数均值为0.7521；其标准差呈现出先上升后波动下降的倒"V"形变动趋势，2004年协同集聚指数的标准差为0.1593，2016年协同集聚指数的标准差为0.1778。说明长三角城市群制造业与生产性服务业协同集聚程度由相对较高水平开始回落，各城市产业协同集聚程度的地区差距呈现扩大趋势。

表3-7　　2004—2016年长三角城市制造业与生产性服务业协同集聚指数

	年份	zz与sc	zz与jt	zz与xx	zz与jr	zz与fd	zz与zl	zz与kx
标准差	2004	0.1593	0.1957	0.1529	0.1433	0.1821	0.1741	0.1934
	2005	0.1748	0.2048	0.1760	0.1559	0.1824	0.1876	0.2148
	2006	0.1860	0.2040	0.2016	0.1492	0.1902	0.2141	0.2086
	2007	0.1989	0.1949	0.2013	0.1443	0.2313	0.2349	0.2099
	2008	0.2154	0.2067	0.2004	0.1490	0.2007	0.2397	0.2109
	2009	0.1787	0.2063	0.2195	0.1713	0.2043	0.2330	0.1940
	2010	0.1953	0.2040	0.2415	0.1825	0.2009	0.2518	0.2052
	2011	0.1786	0.2063	0.1965	0.1649	0.1749	0.2358	0.2114
	2012	0.1803	0.2076	0.1887	0.1666	0.1762	0.2398	0.2271
	2013	0.1663	0.1983	0.2309	0.1497	0.1502	0.1865	0.2071
	2014	0.1705	0.2021	0.2265	0.1408	0.1523	0.1871	0.2047
	2015	0.1749	0.1945	0.2279	0.1430	0.1676	0.1824	0.1822
	2016	0.1778	0.2014	0.1962	0.1395	0.1775	0.1733	0.1657
平均值	2004	0.7803	0.7001	0.7522	0.8154	0.7488	0.6944	0.6645
	2005	0.7526	0.6947	0.7383	0.7947	0.6745	0.6315	0.6597
	2006	0.7526	0.6808	0.6955	0.7722	0.6648	0.6027	0.6335
	2007	0.7153	0.6484	0.6865	0.7617	0.6287	0.6306	0.6325
	2008	0.6733	0.6296	0.6752	0.7574	0.6367	0.6270	0.6039
	2009	0.6959	0.6304	0.6704	0.7472	0.6462	0.6389	0.5810
	2010	0.6810	0.6149	0.6525	0.7380	0.6339	0.6474	0.5672
	2011	0.7099	0.6507	0.6373	0.7714	0.6316	0.6784	0.6078
	2012	0.7107	0.6791	0.6379	0.7746	0.6349	0.6815	0.5821
	2013	0.7563	0.6896	0.6666	0.7936	0.7048	0.7135	0.6770

续表

	年份	zz 与 sc	zz 与 jt	zz 与 xx	zz 与 jr	zz 与 fd	zz 与 zl	zz 与 kx
标准差	2014	0.7527	0.7014	0.6484	0.7875	0.6945	0.6682	0.6177
	2015	0.7597	0.6789	0.5982	0.7907	0.6921	0.6596	0.6177
	2016	0.7521	0.6744	0.5713	0.7794	0.6825	0.6471	0.6162

从生产性服务业细分行业来看（见表3-7），长三角城市群制造业与交通运输、仓储和邮政业的协同集聚指数均值从2004年起呈现下降趋势，2010年达到最低值，2011年开始逐步增长，2015年再次回落；其标准差呈现出波动增长趋势。制造业与信息传输、计算机服务和软件业的协同集聚指数均值总体呈现下降趋势，从2004年的0.7522下降到2016年的0.5713；其标准差呈现波动上升趋势。制造业与金融业的协同集聚指数均值呈现出先下降后上升的发展趋势，2010年达到最低值；其标准差则呈现出相反的发展趋势，2010年之前呈现上升趋势，之后则为下降趋势。制造业与房地产业的协同集聚指数均值呈现"U"形发展趋势，2004—2007年协同集聚均值持续下降，2008—2012年呈现相对稳定发展趋势，之后呈现出波动上升趋势；其标准差呈现出先上升后下降再上升的发展趋势。制造业与租赁和商业服务业的协同集聚指数均值呈现先下降后上升再下降的倒"N"形发展趋势；其标准差呈现出先上升后波动下降的发展趋势。制造业与科学研究、技术服务和地质勘查业的协同集聚指数均值呈现先下降后波动上升的发展趋势；其标准差总体呈现下降趋势。因此，长三角城市群制造业与生产性服务业细分行业协同集聚存在明显的差异性，均值与标准差的变化趋势也不一致，且存在反向变化趋势。同时，长三角城市群制造业与生产性服务业及其细分行业的协同集聚指数均值小于0.8，表明协同集聚程度并不高。

2. 基于城市层面的协同集聚特征

这一部分是从城市层面来比较制造业与生产性服务业协同集聚

指数的变化趋势，由于篇幅的限制，本书仅对2004年、2010年、2016年长三角26个城市的制造业区位熵、生产性服务业区位熵及其协同集聚指数进行分析说明，结果如表3-8所示。由表3-8可以看出，上海、南京、杭州作为长三角地区的中心城市，产业协同集聚指数虽然相对较大但呈现下降趋势，进一步从制造业与生产性服务业区位熵可以看出，上海、南京、杭州更加注重生产性服务业的优先发展，产业专业化水平不断提高。长三角城市群中以合肥为中心的西部城市则呈现相反的变化趋势，如安庆、滁州、宣城、马鞍山等，这些城市的产业协同集聚指数不断上升且协同集聚指数相对较大，主要原因在于这些城市的制造业与生产性服务业区位熵水平相对比较接近，产业之间处于均衡发展的状态。苏州、嘉兴、无锡、宁波等东部城市的产业协同集聚水平相对较低，而这些城市的制造业区位熵指数相对较大，以制造业为主导产业的非均衡产业发展模式导致了协同集聚水平相对较低。从整体来看，长三角城市群已经形成了中心城市生产性服务业集聚、周边城市制造业集聚的"中心—外围"功能空间分工格局，各城市的专业化产业发展迅速，从而使城市之间的联系更加紧密。

表3-8　　2004年、2010年、2016年长三角城市制造业与生产性服务业协同集聚指数

地区	2004年			2010年			2016年		
	LQ_{zz}	LQ_{sc}	co	LQ_{zz}	LQ_{sc}	co	LQ_{zz}	LQ_{sc}	co
上海	1.321	1.176	0.942	1.324	1.122	0.917	1.054	1.379	0.867
南京	1.210	1.189	0.992	1.354	1.014	0.856	0.863	1.197	0.838
无锡	1.712	0.929	0.704	1.965	0.669	0.508	2.016	0.682	0.506
常州	1.700	0.856	0.670	1.587	0.973	0.760	1.750	0.781	0.617
苏州	2.267	0.595	0.416	2.469	0.474	0.322	2.542	0.498	0.328
南通	1.672	0.820	0.658	1.721	0.865	0.669	0.830	0.393	0.643
盐城	0.984	1.073	0.957	1.132	0.940	0.908	1.004	0.723	0.837

续表

地区	2004年 LQ$_{zz}$	2004年 LQ$_{sc}$	2004年 co	2010年 LQ$_{zz}$	2010年 LQ$_{sc}$	2010年 co	2016年 LQ$_{zz}$	2016年 LQ$_{sc}$	2016年 co
扬州	1.334	0.934	0.824	1.233	0.790	0.781	0.957	0.538	0.720
镇江	1.364	0.981	0.837	1.767	0.886	0.668	1.822	0.793	0.606
泰州	1.295	0.987	0.865	1.478	0.948	0.782	0.964	0.451	0.638
杭州	1.131	1.173	0.982	1.171	0.914	0.877	0.821	1.075	0.866
宁波	1.173	0.854	0.842	1.630	0.667	0.581	1.540	0.804	0.686
嘉兴	2.070	0.628	0.466	2.330	0.554	0.384	2.073	0.710	0.510
湖州	1.070	0.801	0.856	1.815	0.597	0.495	1.392	0.610	0.609
绍兴	1.141	0.664	0.735	1.256	0.378	0.463	0.878	0.353	0.574
金华	0.727	1.075	0.807	1.052	0.865	0.903	0.564	0.642	0.935
舟山	0.963	1.082	0.942	0.940	1.163	0.894	0.796	0.847	0.969
台州	0.667	0.995	0.803	1.176	0.280	0.385	1.208	0.613	0.673
合肥	0.968	1.228	0.881	0.898	1.027	0.933	0.879	0.857	0.987
芜湖	1.441	0.818	0.724	1.523	0.822	0.701	1.472	0.876	0.746
马鞍山	1.556	0.677	0.606	1.613	0.692	0.601	1.044	0.899	0.926
铜陵	1.688	0.608	0.530	1.537	0.530	0.513	1.338	0.816	0.758
安庆	0.684	1.171	0.737	0.457	1.288	0.524	0.993	1.025	0.984
滁州	0.817	1.028	0.886	0.639	1.239	0.681	1.164	1.116	0.979
池州	0.549	1.144	0.649	0.531	1.225	0.605	0.758	1.192	0.778
宣城	0.910	0.870	0.977	0.931	1.106	0.914	1.118	1.065	0.976

注：LQ$_{zz}$表示制造业专业化区位熵，LQ$_{sc}$表示生产性服务业专业化区位熵，co表示制造业与生产性服务业协同集聚指数。

国内外研究表明生产性服务业属于知识密集型的高等级产业，主要集中于首都、省会及经济发达的高等级城市。在要素自由流动的情况下，随着城市等级水平的不断提高，城市公共基础设施越发完善，在"蒂伯特选择"机制作用下，人力资源等优质要素资源会不断向高等级城市集聚，普通要素资源则向中小城市集聚。随着长三角一体化进程的持续推进，城市群整体竞争力不断增强，但是城市之间仍存在较大差异。因此,本书依据人口规模,将长三角26个城市划分为三个等级。第一等级城市主要包括:上海、南京、杭州、合肥、苏州;第二等级城市主要包括:无锡、宁波、南通、常州、绍兴、芜湖、盐城、扬州、泰州、台州;第三等级城市主要以中小城市为主,包括:镇江、湖州、嘉兴、马鞍山、安庆、金华、舟山、铜陵、滁州、宣城、池州。基于此,本书分别测算了三个不同等级城市2004—2016年制造业与生产性服务业协同集聚指数的均值和标准差,结果如表3-9所示。

表3-9 长三角不同等级城市制造业与生产性服务业协同集聚指数

年份	第一等级城市 平均值	第一等级城市 标准差	第二等级城市 平均值	第二等级城市 标准差	第三等级城市 平均值	第三等级城市 标准差
2004	0.8424	0.2425	0.7783	0.0958	0.7538	0.1700
2005	0.8244	0.2469	0.7572	0.1258	0.7158	0.1834
2006	0.8020	0.2662	0.7440	0.1201	0.6783	0.1986
2007	0.7828	0.2745	0.7347	0.1496	0.6669	0.2082
2008	0.7542	0.2671	0.6730	0.2028	0.6368	0.2138
2009	0.7476	0.2302	0.7004	0.1471	0.6682	0.1924
2010	0.7977	0.2716	0.6536	0.1654	0.6528	0.1810
2011	0.8084	0.2518	0.7008	0.1457	0.6735	0.1700
2012	0.8140	0.2524	0.6971	0.1221	0.6760	0.1884
2013	0.8216	0.2516	0.6852	0.1150	0.7912	0.1528
2014	0.7845	0.2547	0.6801	0.1057	0.8042	0.1672
2015	0.7827	0.2563	0.6782	0.0983	0.8232	0.1736
2016	0.7771	0.2578	0.6639	0.0924	0.8208	0.1774

从第一等级城市来看,制造业与生产性服务业协同集聚指数均值呈现倒"N"形的发展趋势,2003—2009年持续下降,降幅达到11.25%,2010年之后开始回升,但是2014年再次回落;其协同集聚指数标准差呈现先上升后下降的变动趋势,2009年出现了最小

值，说明第一等级城市伴随其制造业与生产性服务业协同集聚程度波动性回落的同时，城市之间的差距具有缩小的趋势。从第二等级城市来看，制造业与生产性服务业协同集聚指数均值整体呈现下降的发展趋势，从2004年的0.7783下降到2016年的0.6639，降幅达到14.7%；其协同集聚指数标准差则呈现出先上升后下降的发展趋势，2008年达到峰值，说明第二等级城市伴随其制造业与生产性服务业协同集聚程度持续回落的同时，城市之间的差距在经历扩大趋势之后也开始呈现缩小的趋势。从第三等级城市来看，制造业与生产性服务业协同集聚指数均值整体呈现先下降后持续上升的发展趋势，从2004年到2016年整体上升幅度达到8.9%；其协同集聚指数标准差则呈现出先上升后下降的相反趋势，但是2013年之后开始回升，说明第三等级城市伴随其制造业与生产性服务业协同集聚程度持续上升的同时，城市之间的差距存在扩大趋势。

第三节 长三角城市群生产性服务业与制造业协同集聚的空间格局

从上述分析来看，长三角地区各城市之间的产业协同集聚水平呈现出非均衡性，城市之间的要素流动、技术扩散、信息交流使城市间的产业协同集聚水平相互影响，不同产业在城市的空间集聚特征说明相邻地区的产业集聚发展具有空间依赖性，因此在分析长三角城市群制造业与生产性服务业协同集聚水平变化的过程中不能忽视空间因素的影响。

一 研究方法

（一）空间权重矩阵

空间权重是反映区域单元之间空间关系的重要工具，它一般是外生给定的，通常将空间权重矩阵命名为W。常用的空间权重矩阵包括二进制邻接权重矩阵、地理距离权重矩阵和经济空间权重。借鉴已有文献，本书主要采用地理距离权重矩阵，因此对该方法进行简单介绍。

地理距离权重矩阵将地理距离作为测度空间单元之间交互效应的重要因素，也就是说，特定空间单元不仅对其周边空间单元产生交互影响，而且对其不相邻的空间单元也产生空间交互影响，但是这种交互影响的强弱受到空间单元之间地理距离大小的影响。地理距离权重矩阵更能全面而真实地反映空间单元之间的空间交互效应。通常，取空间单元之间距离的倒数或者空间单元之间距离平方的倒数作为距离权重矩阵的构成元素，因而距离越近，权重越大，反之权重越小。其数学表达式为：

$$w_{ij} = \begin{cases} \frac{1}{d_{ij}} \text{或} \frac{1}{d_{ij}^2} & (\text{若 } i \neq j) \\ 0 & (\text{若 } i = j) \end{cases} \quad (3-3)$$

（二）空间关联性测度方法

空间自相关性的测度通常是判断经济变量是否存在空间相互作用的重要基础，主要包括全局自相关测度和局部自相关测度。全局自相关测度是基于所有空间单位进行的空间自相关性检测。局部自相关测度则是基于某一空间单位与其他空间单位之间进行的空间自相关检测，其在一定程度上接受了空间的异质性，更接近实际情况。空间自相关测度方法使用最为广泛的就是莫兰指数，即 Moran's I，一般分为全局 Moran's I 和局部 Moran's I。计算方法如下：

$$\text{全局 Moran's I} = \frac{\sum_{i=1}^{n} \sum_{j=1}^{n} w_{ij}(x_i - \bar{x})(x_j - \bar{x})}{S^2 \sum_{i=1}^{n} \sum_{j=1}^{n} w_{ij}} \quad (3-4)$$

一般来说，对空间权重矩阵进行标准化处理后，可将全局 Moran's I 简化为：

$$I = \frac{\sum_{i=1}^{n} \sum_{j=1}^{n} w_{ij}(x_i - \bar{x})(x_j - \bar{x})}{\sum_{i=1}^{n} (x_i - \bar{x})^2}$$

$$\text{局部 Moran's I} = \frac{(x_i - \bar{x})}{S^2} \sum_{j=1}^{n} w_{ij}(x_i - \bar{x}) \quad (3-5)$$

其中，$S^2 = \dfrac{\sum_{i=1}^{n}(x_i - \bar{x})}{n}$ 为样本方差，n 为样本单元数，w_{ij} 为空间权重矩阵 W 中的 (i,j) 元素，x_i 和 x_j 是空间样本单元 i 和 j 的观测值，$\bar{x}$ 为样本观测值的平均值。Moran's I 的取值在 [-1, 1] 之间，当 Moran's I < 0 反映了样本值之间存在负向的空间自相关性，说明相邻区域之间表现为高值与低值相邻；当 Moran's I > 0 反映了样本值之间存在正向的空间自相关性，说明相邻区域之间表现为高值与高值、低值与低值之间相邻；当 Moran's I = 0 则反映了样本值之间不存在空间相关性。

通常在进行局部自相关性测度的时候，会利用 Moran's I 散点图来分析局部子系统具有的分布特征。Moran's I 散点图是在二维坐标图内反映观测值及其空间滞后项之间的相关关系。该图包括四个象限，即第一象限表示高—高集聚（HH）、第二象限表示低—高集聚（LH）、第三象限表示低—低集聚（LL）、第四象限表示高—低集聚（HL）。通过 Moran's I 散点图，能够更好地揭示空间单元集聚的类型及异质性问题。

二　生产性服务业与制造业协同集聚的空间关联格局

（一）生产性服务业与制造业协同集聚的空间分布

根据前文计算得出的生产性服务业与制造业协同集聚指数，借助 GEODA 软件中的 natural break 将长三角城市群划分为四个等级，每类之间产业协同集聚水平差距较大，2004—2016 年长三角城市群产业协同集聚高点逐渐由东部向西部转移。合肥、安庆、滁州、宣城、金华、舟山属于产业协同集聚高水平型城市。上海、杭州、盐城、南京、马鞍山、芜湖、池州、铜陵属于产业协同集聚较高水平型城市。扬州、泰州、南通、常州、镇江、湖州、绍兴、宁波、台州属于产业协同集聚较低水平型城市。苏州、嘉兴、无锡属于产业协同集聚低水平型城市。

（二）全局空间自相关检验

根据前述测算的产业协同集聚指数，采用地理距离权重矩阵下的 Moran's I 指数，对长三角城市群制造业与生产性服务业协同集聚全局空间性进行检验分析，Moran's I 指数测算结果见表 3-10，其时空变化趋势见图 3-12。

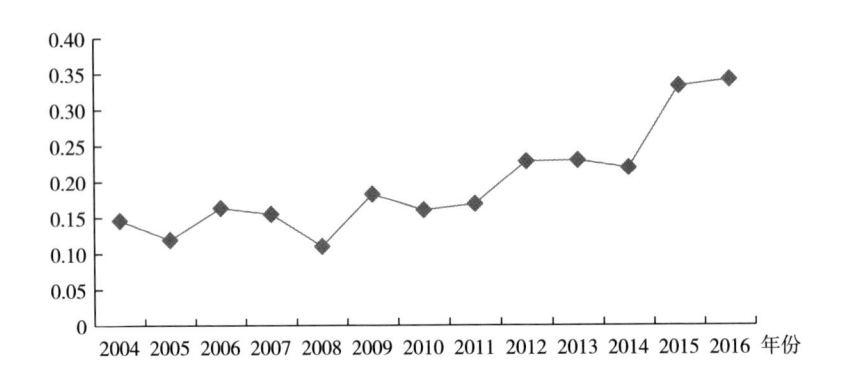

图 3-12 2004—2016 年产业协同集聚的全局 Moran's I

由表 3-10 可知，2004—2016 年，制造业与生产性服务业协同集聚的 Moran's I 分布在 0.11—0.34。2004—2011 年通过了 10% 的显著性检验（2008 年除外），2012—2014 年通过了 5% 的显著性检验，2015—2016 年通过了 1% 的显著性检验，说明长三角城市群制造业与生产性服务业协同集聚存在明显的空间正相关性，反映了显著的空间集聚和依赖性，基本特征是制造业与生产性服务业协同集聚水平高的城市趋于和协同集聚水平高的城市相邻，协同集聚水平相对低的城市趋于和低水平的城市相邻。

表 3-10 制造业与生产性服务业协同集聚的全局 Moran's I

年份	I	sd（I）	z	p-value
2004	0.1460	0.1300	1.5356	0.066
2005	0.1191	0.1295	1.3250	0.099
2006	0.1633	0.1379	1.4710	0.070
2007	0.1548	0.1307	1.4983	0.063

续表

年份	I	sd（I）	z	p – value
2008	0.1101	0.1417	1.1510	0.128
2009	0.1824	0.1401	1.6346	0.055
2010	0.1604	0.1422	1.4014	0.080
2011	0.1688	0.1437	1.4621	0.067
2012	0.2283	0.1352	2.0479	0.026
2013	0.2296	0.1387	1.9521	0.027
2014	0.2191	0.1368	1.9057	0.031
2015	0.3327	0.1384	2.6787	0.003
2016	0.3417	0.1395	2.7244	0.002

从时空变化趋势图来看，Moran's I 指数整体呈现波动上升的趋势，制造业与生产性服务业协同集聚的空间相关性呈现出不断增强的趋势。其中，2008 年的 Moran's I 指数最低，2014—2015 年 Moran's I 指数出现了较大幅度的增长。

（三）局部空间相关性分析

由于全局 Moran's I 指数无法反映出长三角城市群制造业与生产性服务业协同集聚的局部空间自相关性特征以及局部空间集聚的趋势特征，因此本书利用 2004—2016 年长三角各城市的制造业与生产性服务业协同集聚指数，根据公式（3 – 5），基于地理距离空间矩阵计算出 26 个城市历年的局部 Moran's I 指数，然后通过绘制莫兰（Moran）散点图，进一步探究长三角城市群制造业与生产性服务业协同集聚的局部空间特征。限于篇幅的限制，本书仅选取 2004 年、2007 年、2011 年和 2016 年为主要年份进行分析。

图 3 – 13 显示了四个年份长三角制造业与生产性服务业协同集聚水平的 Moran's I 散点图，反映了随着时间的推移，长三角制造业与生产性服务业协同集聚水平的空间格局及其动态演变趋势，进一步描述了长三角城市群制造业与生产性服务业协同集聚水平的空间相关特性和异质性特征。图中产业协同集聚的 Moran's I 均为正

◆ 产业协同集聚的经济效应研究

值，说明存在显著空间正相关性，与表3-10结果相同。大多数城市都处于第一、第三象限，即属于"高高"类型和"低低"类型，说明这些城市存在空间正相关关系，存在局部的高值集聚或低值集聚，其中"高高"类型的城市比"低低"类型的城市多。少数城市处于第二、第四象限，即"低高"类型和"高低"类型，说明这些城市表现为局部负相关。从整体来看长三角城市群产业协同集聚水平存在正向的空间相关性和空间聚集性，但是在空间上存在明显的空间分异特征。

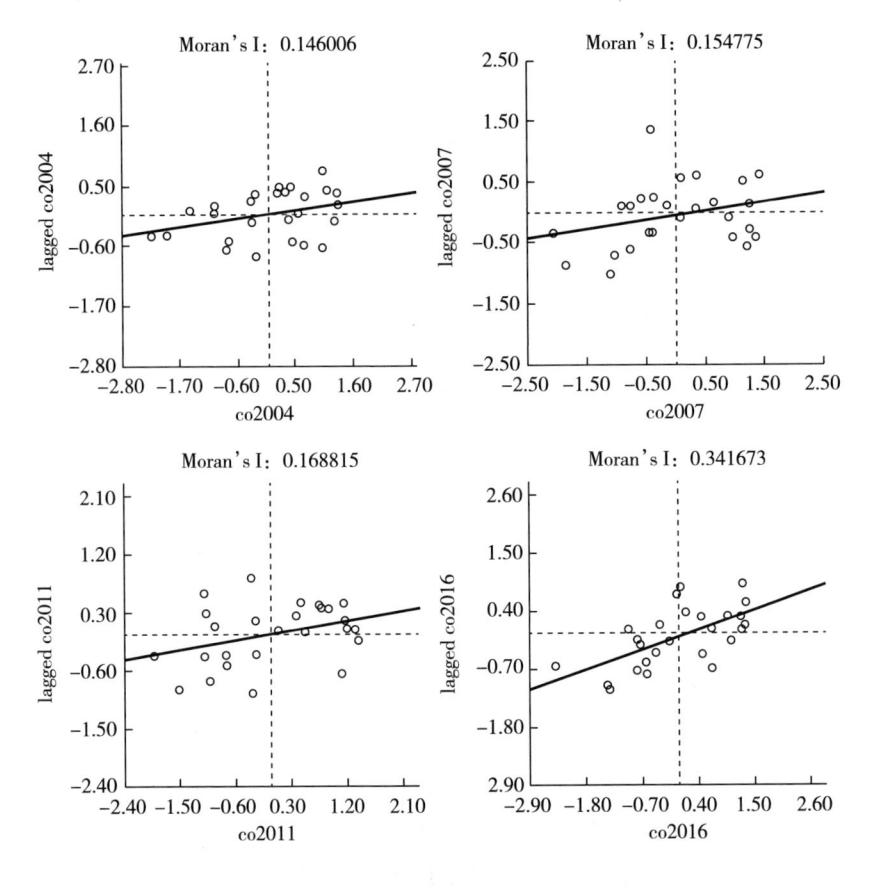

图3-13 主要年份制造业与生产性服务业
协同集聚的局部 Moran's I

表 3-11 为 2004 年、2007 年、2011 年、2016 年长三角城市群制造业与生产性服务业协同集聚的局部 Moran's I 散点图对应的具体城市。从时间变化来看，四个年度不同象限对应的城市变化不大，各城市类型相对比较稳定。处于第一象限"高高"类型的城市说明具有产业协同集聚优势的城市相邻，形成了以南京、杭州、舟山等为中心的高值集聚区。2016 年处于第三象限"低低"类型的城市有所增加。第二象限"低高"类型和第四象限"高低"类型的城市数量相对较少，2016 年仅有芜湖市、宁波市、绍兴市 3 个城市位于第二象限（LH）形成了低值被高值包围的区域，上海市、盐城市、金华市 3 个城市位于第四象限（HL）形成了高值被低值包围的区域。

表 3-11　产业协同集聚的局部 Moran's I 指数城市分布

年度	第一象限	第二象限	第三象限	第四象限
2004	南京、杭州、盐城、舟山、滁州、扬州、宁波、金华、台州、泰州	芜湖、绍兴、常州、铜陵、马鞍山	池州、安庆、湖州、南通、嘉兴、苏州	镇江、宣城、无锡、合肥、上海
2007	南京、杭州、盐城、舟山、滁州、扬州、泰州	镇江、芜湖、铜陵、绍兴、马鞍山、宁波	池州、安庆、无锡、南通、嘉兴、苏州、湖州	常州、宣城、合肥、金华、台州、上海
2011	南京、杭州、盐城、舟山、扬州、泰州、金华、宣城、常州、马鞍山、芜湖	镇江、铜陵、绍兴、滁州、宁波	池州、安庆、无锡、南通、嘉兴、湖州、台州、苏州	上海、合肥
2016	南京、杭州、舟山、滁州、合肥、池州、宣城、安庆、铜陵、马鞍山	芜湖、宁波、绍兴	扬州、镇江、常州、台州、泰州、南通、湖州、无锡、嘉兴、苏州	上海、盐城、金华

从具体城市来看，南京、杭州、舟山、滁州一直处于高值集聚区；上海一直处于高低集聚区；扬州和泰州2016年由"高高"类型转为"低低"类型；合肥、宣城等安徽城市产业协同集聚水平发展较快，宣城2011年由"高低"类型转为"高高"类型，合肥2016年由"高低"类型转为"高高"类型，池州和安庆2016年由"低低"类型转为"高高"类型，马鞍山2011年由"低高"类型转为"高高"类型，铜陵2016年由"低高"类型转为"高高"类型；金华和盐城2016年由"高高"类型转为"高低"类型；常州、镇江和台州的变化较大，2016年均转为"低低"类型。

总体来看，长三角城市群制造业与生产性服务业协同集聚的空间正相关性和空间集聚性呈现出增长趋势。从城市产业协同集聚角度看，长三角地区西部城市的产业协同集聚发展较快。

为了进一步考察各城市制造业与生产性服务业协同集聚的空间关联，尤其是"高高"和"低低"区域的空间溢出效应，本书对局部Moran's I指数统计量的显著性进行了检验。2004年通过显著性检验的城市只有3个，产生正向溢出效应的"高高"类型的城市为0，产生负向溢出效应的"低低"类型的城市有两个（嘉兴、湖州），"高低"类型显著的仅有上海市。与2004年相比，2016年通过显著性检验的城市数量增多，产生正向溢出效应的"高高"型城市的数目增加了两个（滁州、铜陵），主要出现在西部地区。产生负向溢出效应的"低低"型城市的数量增加到4个（嘉兴、湖州、无锡、苏州），仍然出现在东部地区，"低高"型城市仅有一个芜湖市。

第四节 本章小结

本章基于产业与空间两个角度对长三角城市群制造业与生产性服务业发展状况以及二者协同集聚的特征事实进行了分析研究。

第三章
长三角城市群产业协同集聚水平测度

长三角城市群产业结构基本呈现典型的"三二一"型产业布局特点。但是从城市群内部来看,安徽产业结构仍然呈现"二三一"的特征,明显落后于长三角其他两省一市以及全国平均水平。同时,长三角城市群制造业规模庞大,多数城市有处于比较优势地位的制造业,构成了规模较大的制造业集群。而且,生产性服务业发展迅猛,产业布局层次分明,在交通运输、仓储业和邮政业,信息传输、计算机服务和软件业,金融业,租赁和商务服务业等方面具有突出优势。

从长三角城市群来看,产业协同集聚指数整体呈现出波动式下降趋势,而制造业与生产性服务业各细分行业的协同指数变化趋势差异较大。从城市群内部来看,长三角城市群制造业与生产性服务业协同集聚程度由相对较高水平开始回落,各城市产业协同集聚程度的地区差距呈现扩大趋势。从城市分布来看,长三角城市群中心城市生产性服务业集聚、周边城市制造业集聚的"中心—外围"功能空间分工的趋势日趋明显。从城市等级来看,第一等级和第二等级城市产业协同集聚指数呈现回落趋势,城市之间差距逐渐缩小;第三等级城市产业协同集聚程度持续上升,城市之间的差距存在扩大趋势。

从产业协同集聚的空间格局及空间效应来看,长三角城市群产业协同集聚高点逐渐由东部向西部转移,制造业与生产性服务业协同集聚存在明显的空间正相关性。通过以上分析对长三角城市群产业协同集聚发展有了较为充分的把握,有助于后期的进一步研究。

第四章 产业协同集聚的经济增长效应

新经济地理学的创始人 Krugman（1990）曾指出集聚是经济活动最突出的地理特征，其在构建阐述集聚形成机理与效应模型的基础上，将产业集聚纳入主流的内生经济增长分析框架中。他认为在要素自由流动的背景下，不同行业企业为了寻求利润最大化，自发地在特定区域进行选址和布局从而引起产业集聚的发生。产业集聚借助邻近地理的优势获得要素资源的共享、知识技术及信息的外溢，从而促进经济增长。产业集聚现象多发生在经济发达的区域，国外如美国硅谷高科技信息产业区、加州的多媒体集群，国内如长三角城市群、珠三角城市群、京津冀城市群等。

自我国推行以"三去一降一补"为核心的供给侧结构性改革以来，企业资产负债率不断降低，经济结构持续优化，我国经济呈现出稳定增长的态势，但是国内外经济社会环境的日趋复杂化导致我国经济增长仍然面临着严峻的下行压力。伴随着生产性服务业的快速发展及其集聚程度的不断提升，国家高度关注制造业与生产性服务业的协同发展，制造业与生产性服务业协同集聚发展已然成为引领我国经济持续增长的新动力和新途径，也标志着现阶段我国朝着"双轮驱动"的发展模式迈进。

从长三角城市群整体来看，生产性服务业与制造业协同集聚趋势明显，在长三角区域一体化和经济服务化的背景下，制造业与生产性服务业的协同集聚发展必然有效促进两大产业之间的互动与融合,推动产业升级优化,从而对长三角城市群经济增长产生影响。然而,产业协同集聚对城市经济增长产生何种影响?这种影响是否存在空间溢出效应?是否存在约束机制?本章将利用城市面板数据深入探究生产性服务业与制造业协同集聚对经济增长的影响效应,明确产业协同集聚对经济增长的空间效应与约束机制,这对长三角城市群选择合理的产业结构和功能定位,推动产业间的有效集聚和城市经济发展具有重要的理论和现实意义。

第一节 产业协同集聚影响经济增长的作用机理

产业协同集聚对经济增长存在正负两种影响效应:一方面,产业协同集聚在集聚效应的作用下促进经济增长;另一方面,产业协同集聚由于资源、环境等约束所产生的拥挤效应抑制经济增长。因此,产业集聚的规模效应和拥挤效应犹如"一枚硬币的两面"(周圣强等,2013)。因此,集聚效应与拥挤效应之间的相互作用最终影响着制造业与生产性服务业协同集聚的经济增长效应。当集聚效应发挥主导作用时,产业协同集聚正向推动经济增长;当拥挤效应发挥主导作用时,产业协同集聚对经济增长产生负向抑制作用。

一 生产性服务业与制造业协同集聚的集聚效应

(一)生产性服务业与制造业协同集聚促进了技术创新

生产性服务业与制造业协同集聚有利于深化专业化分工。生产力发展和生产率提高的重要基础就是专业化分工。生产性服务业由于规模扩大、专业化分工水平提高,深化了社会分工。生产性服务业作为中间投入品的专业化市场,为制造业生产活动提供了多样化的便捷服务,有效降低了制造业的生产成本及交易成本(Macpherson,2008)。生产和服务企业的剥离,更有利于资本等要素资源流向具有比较优势的业务领域,促进技术创新和成果应用(Koch &

Strotmann，2006），提高行业生产效率。因此，生产性服务业的扩张，通过深化专业化分工提高了自身的发展效率，从而降低了制造业的交易成本，提高制造业的创新水平（江静等，2007）；同时，生产性服务业与制造业在要素共享的作用下形成了有效的产业链融合，通过产业间的分工协作，进一步缩短制造业创新的周期，推动产业间协同创新。

生产性服务业与制造业协同集聚有利于强化创新研发机制。生产性服务业具有知识、技术密集性的产业特征。当其与制造业实现协同集聚时，能够实现知识技术在服务提供者与服务使用者之间的转移，降低创新要素获取的障碍，与此同时，技术人员在制造业与生产性服务业之间的流动有利于产生"隐性或缄默"知识溢出（Vanoort，2017）。所以，制造业与生产性服务业协同集聚是创新的动力和保障。

生产性服务业与制造业协同集聚促进了技术创新的空间溢出。产业协同集聚意味着在开放的条件下，不同产业集中在特定区域范围内，通过相互协调合作，实现"1+1>2"的协同效应，这将更有助于人才、技术等生产要素在区域间与区域内的流动，形成技术创新的空间溢出效应。一方面，制造业与生产性服务业协同集聚通过人才的集聚推动技术创新。产业集聚本身就扩大了对特定专业技术人才的需求，专业性技术人才的流入形成了人才"蓄水池"，在不断地相互交流中促进知识和技术的创新。另一方面，随着区域一体化的不断推进，区域之间的联系更加紧密，产业协同集聚不仅有利于本地区创新，而且通过技术溢出效应对周边地区也产生影响。新经济地理学认为产业集聚是在向心力和离心力的相互作用下形成而发展的，当向心力大于离心力产生集聚现象。本地市场效应和价格指数效应是产业集聚重要的"向心力"，在向心力及循环累积因果效应的共同作用下，生产要素和产业逐步由外部向本地区转移，从而产生"虹吸效应"。但是，随着产业集聚程度的不断提高，集聚的外部不经济及要素的竞价效应和竞租效应，使产业集聚的"离心力"发挥作用,产业由集聚区逐步向周边外围地区转移,因而产业协同集聚对周边地区产生空间溢出效应(陈子真等,2018)。

(二)制造业与生产性服务业协同集聚提高了资源利用效率

制造业与生产性服务业协同集聚有利于改善资源错配。唐荣和顾乃华(2018)指出上游生产性服务业发展通过规模经济、知识溢出以及经济集聚三个机制提高了制造业资源配置效率。产业集聚的实质就是资本和劳动力等生产要素在特定空间区域集聚。制造业与生产性服务业协同集聚有利于促进资本要素和劳动力要素在城市间和产业间的自由流动,形成互补优势,从而提高资源配置效率。资本集聚有利于关联企业掌握先进的科学技术,提高企业创新研发能力,改善资本生产率和技术效率。劳动力集聚使企业员工之间交流、学习的机会增加,产生知识外溢效应,提高劳动者的技能和生产效率。同时,产业协同集聚程度越高的城市,家庭总收入水平相对较高,这是因为该城市能为劳动者及其家庭成员提供相应的就业机会(胡尊国,2015)。因此,制造业与生产性服务业协同集聚促使劳动市场规模扩大和劳动力匹配程度增加,增加劳动力收入,从而激发劳动者工作的积极性、提高企业的生产效率。

生产性服务业与制造业协同集聚有利于资源整合。生产性服务业与制造业协同集聚,可以降低市场门槛,通过产权交易的途径实现资产在企业之间或行业之间的转移,从而实现资源的优化与整合。产业协同集聚将提升知识密集型服务业的效率,为制造业提供更优质的服务,从而使制造业将更多的资源集中发展具有核心竞争力的业务环节。同时,制造业可以将生产性服务业提供的知识和人力资本引入自身的生产活动中,从而实现资源的优化整合。

制造业与生产性服务业协同集聚有利于改善投资环境。企业进行生产经营活动的投资环境既包括基础设施、交通条件等硬环境,也包括管理制度、配套政策等软环境。制造业与生产性服务业协同集聚能够显著地改善城市投资环境。首先,完善基础设施,提高交通可达性,降低运输成本,可以改善城市投资的硬环境。其次,制造业与生产性服务业协同集聚能够显著地改善城市投资的软环境。生产性服务业高度发展的地区，必然形成完善的配套服务为投资和生产经营活动提供重要保障。交通运输、仓储物流服务业的发展提升城市交通的便利性和开放水平，信息技术、科技服务业的发展提高城市现代化水平和创新能力，金融保险服务业的发展降低信息和交易费用，提高城市资本市场的配置效率，法律咨询服务业的发展健全城市法律服务体系、优化城市法律制度环境。同时，制造业与生产性服务业集聚有助于形成区域产业品牌，吸引优质资源，从而增强城市综合竞争实力。

二　制造业与生产性服务业协同集聚的拥挤效应

拥挤效应指的是受限于空间范围等条件，经济过度集聚导致要素配置比例失调从而产生的非经济性效应[1]。产业集聚在向心力的作用下使生产要素形成空间集聚，成为推动区域经济增长的重要动力。但是，随着区域产业规模的持续发展和扩大，企业过度进入，由资源要素短缺和劳动、资本要素过度密集以及道路交通拥塞所引起的拥挤效应对区域经济增长则会产生负面影响。

最早关注拥挤效应的是德国经济学家杜能（Von Thunen），其在代表著作《孤立国》（1986）一书中指出高地租与高生活成本迫使厂商在选择区位时会离开市中心。美国经济学家亨德森（Henderson，1974）在其构建的城市规模模型中探讨了要素报酬、生活成本与拥挤效应之间的关系，他指出要素报酬会随着城市规模的扩大而增加，但生活成本的上升会抵消集聚经济，即存在最优城市规模，超过最优规模，集聚效应转变为拥挤效应，从而产生负面影响。亨德森（Henderson，1986）、拉普帕波特（Rappaport，2008）均通过实证验证了规模经济的有限性，拥挤效应与集聚程度存在负向关系。Broersma 和 Oosterhaven（2009）、Rizov 等（2012）通过对荷兰

---

[1] 周圣强、朱卫平：《产业集聚一定能带来经济效率吗：规模效应与拥挤效应》，《产业经济研究》2013 年第 3 期。

的实证研究也验证了拥挤效应确实存在，并且对 TFP 增长产生了负向影响。奥地利经济学家 Tichy, G.（1996）提出的集聚生命周期理论认为，区域集聚如产品生命周期一样经历诞生、成长、成熟和衰退四个阶段。在集聚衰退阶段存在严重的拥挤效应。Brakman（1996）等基于开放经济条件研究发现，在集聚快速成长的初期，产业集聚主要体现出集聚效应，从而促进产业成长；当产业集聚达到一定程度后，拥挤效应出现。Naresh 和 Gary（2003）研究认为服务业集群的经济效应存在临界值，超过临界值，过度竞争和拥挤效应是导致服务业集群衰落的重要原因。

国内学者也逐渐开始重视拥挤效应的研究，并且基于一定的实证研究验证了拥挤效应在我国的存在性。柯善咨和姚德龙（2008）以我国地级及以上城市为样本，研究得出工业过度集聚产生的拥挤效应降低了生产效率。李君华（2009）认为拥挤效应决定了每个地区的相对人口规模，当其发生作用时，会将其中某种产品的生产者挤出，从而扩大另一种产品的生产规模，获得知识溢出。陈德文和苗建军（2010）以工业和服务业的劳动力密度衡量积聚程度，研究得出经济集聚与经济增长之间存在"U"形关系。闫逢柱和乔娟（2010）研究发现我国低技术密集型制造业、劳动密集型制造业集聚的"劳动拥挤效应"较为明显。汪彩君和唐根年（2011）根据制造业集聚效率划分了集聚过度型、集聚适中型和集聚推进型三种类型，并且发现长三角地区的劳动密集型制造业属于集聚过度类型。刘修岩（2012）基于地级市数据研究发现当经济发展达到一定水平后集聚增长效应的方向发生转变。王丽丽（2012）研究发现我国制造业集聚与技术效率由于受对外开放门槛效应的影响呈现负相关性，表明制造业集聚的拥挤效应对经济效率具有制约性。沈能等（2014）基于行业异质性的角度研究了过度集聚对制造业全要素生产率的影响。中国东部地区劳动密集型行业的过度集聚抬高了要素成本，外部不经济和过度竞争对企业效率产生了负向效应。资源密集型制造业集聚不经济明显，主要原因在于政府对此类企业的集中管理。金春雨和程浩（2015）基于环渤海44个城市，实证得出在中等经济发展水平和运输成本条件下，制造业集聚利于经济增长，超过临界值之后，制造业集聚引致的拥挤效应抑制经济增长。汪彩君和邱梦（2017）以浙江省纺织业为例，研究发现当出现规模不经济时，企业规模异质性对集聚效应具有负面影响。

尽管上述研究文献主要集中于制造业及其内部集聚，但是基于行业异质性的角度，特定区域内生产性服务业与制造业协同集聚也必然呈现出集聚效应和拥挤效应的动态更替，也就是说，产业协同集聚的经济增长效应应该是集聚效应和拥挤效应的综合作用结果。因此，本书可以这样理解产业协同集聚对经济增长的影响如何由集聚效应转向拥挤效应的原因。运输成本和交易费用的下降促使制造业在空间地域上首先形成集聚，随着社会化分工的深化，生产性服务业迅速发展且集聚程度不断提高，由于制造业与生产性服务业之间的内生关联性，二者之间形成互动发展的格局。在共享劳动力市场、知识外溢的共同作用下，交易成本、信息成本不断降低，产业间的知识溢出效应显著，集聚区内的制造业与生产性服务业企业获得规模报酬递增效应，因此产业迅速发展，从而促进区域经济增长。在集聚规模效应不断增强的过程中，集聚的向心力作用诱使生产要素蜂拥而至，集聚规模经济效应不断得以强化，但是过度集聚问题也由此埋下伏笔。也就是说，对于制造业与生产性服务业协同集聚的研究前提应该是在特定的区域或城市内部，两大产业之间的互相促进关系受到一定约束条件的限制，因为特定空间范围所能承受的经济能级是有限度的。陈国亮和陈建军（2012）研究发现当商务成本超过一定的阈值之后，产业共聚出现挤出效应，且存在一定的行业异质性。梁红艳和王健（2012）将生产成本、贸易成本纳入产业区位模型，分析发现生产性服务业与制造业具有不同的区位选择动机，因此二者在城市内部表现出挤出效应。黎日荣和周政（2017）研究发现生产性服务业集聚对制造业集聚的溢出效应在不同空间单元表现不一致，市辖区表现为显著的拥挤效应。也就是说，当产业协同集聚超过适度范围之后，协同集聚的拥挤效应开始占据主导地位，具体表现为生产要素价格上升、企业生产成本上升、基础设施负网络外部性等，或者即使要素投入并未引起拥挤效应，也会因为制造业或生产性服务业过度供给导致过度竞争，从而降低资源配置效率，抑制经济增长。美国经济学 Edgar M. Hoover 的产业集聚最佳规模论表明了当特定区域内集聚的企业数量过多，产业集聚效应会随之下降。

第二节 产业协同集聚影响经济增长的空间效应

产业集聚研究的核心问题就是产业集聚的空间位置，基于新古典经济学理性选择假设的传统理论，受限于空间不可能定理[①]，并未将空间维度内生地纳入一般性分析框架，而空间经济学则能较好地诠释产业集聚活动的空间集聚效应。根据空间经济学理论，产业协同集聚不仅会影响本地区的经济增长，而且还会通过空间溢出作用于邻近地区。因此，本小节应用空间计量分析方法，实证分析长三角城市群生产性服务业与制造业协同集聚影响经济增长的空间效应。本小节的研究思路为：首先，对制造业与生产性服务业协同集聚空间溢出效应的形成机理进行分析；其次，构建空间计量模型，测算莫兰指数，分析长三角城市群经济增长的空间相关性（因在前文中已测算过长三角城市群制造业与生产性服务业协同集聚的空间相关性，故此小节不再赘述）；最后，估计制造业与生产性服务业协同集聚对经济增长的空间效应，并对实证结果进行讨论分析。

---

① 空间不可能定理：在考虑一个消费者和厂商数量均有限的两地区经济模型中，如果空间是均质的，运输成本不为零，并且偏好在本地无法得到满足，那么就不存在考虑运输问题的竞争均衡。即在一个均质空间里，不存在包含区间贸易的竞争均衡。表明在完全竞争市场条件下价格机制无法解释均质空间里的集聚现象。

一 制造业与生产性服务业协同集聚空间溢出效应的形成机理

上述的理论分析表明，当制造业与生产性服务业协同集聚处于"经济"范围时，在规模效应的作用下促进经济增长；当协同集聚处于"非经济"范围时，在拥挤效应的作用下则会抑制经济增长。每一个城市制造业与生产性服务业的供求均受到本城市和邻近城市的影响，而这两大产业之间又具有较强的内生关联性，因此制造业与生产性服务业协同集聚会同时影响本地和邻近城市的经济增长。本章以前述理论分析为基础，探讨生产性服务业与制造业协同集聚对邻近城市形成的空间溢出效应。

根据新经济地理学的"中心—外围"理论，产业协同集聚的空间效应应该具有明显的阶段化特征。当核心区的集聚属于适度范围时，协同集聚促进本地经济增长。当核心区出现过度集聚后，拥挤效应占据主导地位，对要素成本敏感的制造业逐渐向外围地区扩散，对交易成本敏感的生产性服务业则集中于中心城市，从而形成区域内生产性服务业和制造业的协同定位效应[①]，此时生产要素的向外扩散形成了资本和技术溢出。然而，现实社会中，单一中心的假设并不成立，经济社会通常会存在多个生产性服务业集聚的中心，而且制造业依然有进一步向中心城市集聚的趋势；另外，那些外围城市也有少数几种生产性服务业集聚的现象。因而，制造业与生产性服务业协同集聚的空间溢出效应表现为特定区域内城市之间的相互影响。从已有研究文献来看，产业集聚对经济增长作用确实受到空间效应的影响。柯善咨和姚德龙（2008）研究发现工业集聚和劳动生产率在相邻城市间存在明显的空间黏滞性和连续性；邓若冰和刘颜（2016）认为在空间经济权重的作用下，其他地区工业集聚呈现负的空间溢出效应；在纳入地理因素后，其他地区工业集聚对本地区经济增长的扩散效应抵消了回流效应；韩峰等（2016）研

[①] 江静、刘志彪：《商务成本：长三角产业分布新格局的决定因素考察》，《上海经济研究》2006年第11期。

究认为生产性服务业空间集聚通过技术溢出效应影响城市经济增长；杨孟禹和张可云（2016）研究发现服务业多样化集聚对经济增长质量存在空间溢出效应。因此，本章将空间因素纳入研究的范畴，运用空间计量模型，研究长三角城市群制造业与生产性服务业协同集聚的空间溢出效应。

二　模型构建与变量选取

（一）模型构建

1967年Paelinck首先提出了空间计量经济学，1988年Anselin全面介绍了空间计量经济学的研究方法，并于2006年详细阐述了空间计量经济学的研究领域，主要包括：空间依赖性和空间异质性的模型构建、空间效应的估计、空间效应的检验及空间预测。正是由于空间计量经济学所具有的空间依赖性和空间异质性，使其无法满足高斯—马尔科夫假定中的误差项不相关和同方差的假设，因此空间计量模型与传统回归模型分析最大的区别就在于，通过空间权重矩阵的引入来修正传统回归分析中存在的统计误差，并且识别和度量观测单元在空间和时间上的溢出效应。根据数据特征，本书主要采用空间滞后模型（SAR）和空间误差模型（SEM）。空间误差模型（SEM）通过引入误差项来分析不可观测及遗漏变量是否存在空间溢出效应，空间滞后模型（SAR）引入了被解释变量的空间滞后项，主要分析被解释变量及其与周边单元变量之间是否存在空间依赖性。两种模型的数学表达为：

空间误差模型(SEM)：$Y = \alpha l_n + X\beta + u$ (4-1)

$u = \lambda Wu + \varepsilon$

空间滞后模型(SAR)：$Y = \rho WY + \alpha l_n + X\beta + u$ (4-2)

式中，WY又称为被解释变量间的内生交互效应，Wu称为不同区域空间具有的干扰效应。ρ为空间自回归系数，λ为空间自相关系数，W为空间权重矩阵，αl_n为空间单位向量。

本章分析以长三角洲城市群为研究对象，分析时期为2004—2016年，以长三角洲城市群在这一时期内的经济增长（y）作为解释变量，以长三角洲城市群在这一时期内制造业与生产性服务业协同度（co）作为解释变量，同时考虑到经济增长受多个因素的影响，因此在借鉴已有文献的基础上，加入了多个控制变量。本书构建的空间滞后模型（SAR）如下：

$$\ln y_{it} = \rho W \ln y_{jt} + \alpha l_n + \beta_1 \ln co_{it} + \beta_2 \ln pk_{it} + \beta_3 \ln hum_{it} + \beta_4 \ln fdi_{it} +$$
$$\beta_5 \ln gov_{it} + \beta_6 \ln indus_{it} + \beta_7 \ln rd_{it} + \beta_8 \ln inf_{it} + \varepsilon_{it} \quad (4-3)$$

式中，城市 j 的产业协同集聚不仅影响该市的经济增长，还将作用于城市 i 的经济增长上，因此系数能够反映出相邻城市产业协同集聚对经济增长产生的影响力，也就是产业协同集聚的空间相关效应。如果其他因素决定了空间相关性，则可以设定空间误差模型（SEM）为：

$$\ln y_{it} = \alpha l_n + \beta_1 \ln co_{it} + \beta_2 \ln pk_{it} + \beta_3 \ln hum_{it} + \beta_4 \ln fdi_{it} + \beta_5 \ln gov_{it} +$$
$$\beta_6 \ln indus_{it} + \beta_7 \ln rd_{it} + \beta_8 \ln inf_{it} + \lambda W u_{jt} + \varepsilon_{jt} \quad (4-4)$$

为了消除异方差，对所有变量进行了取对数处理，记为 ln。为了全面体现各城市之间的空间交互效应，空间权重矩阵采用了空间地理权重矩阵。

（二）变量选择及数据来源

被解释变量：城市经济增长（y）。GDP 和人均 GDP 均能反映城市经济增长水平，但是 GDP 作为总量指标更适宜于衡量一个区域的综合实力，而人均 GDP 在剔除人口因素的基础上更能如实反映一个区域人民生活的实际富裕程度。因此，本章采用人均 GDP 衡量长三角地区各城市的经济增长水平，并利用各年度 CPI 指数折算成以 2004 年为基期的实际人均国内生产总值。

核心解释变量：产业协同集聚度（co）。本章依然沿用前一章计算出来的制造业与生产性服务业的协同集聚度来衡量产业协同集聚水平。

控制变量：

（1）人均资本存量（k）。资本存量 K 的计算一般采用永续盘存法来进行核算，其计算公式为：

$$K_t = (1-\sigma)K_{t-1} + \frac{I_t}{P_t} \qquad (4-5)$$

该式中，K_t、K_{t-1} 为第 t 期、第 $t-1$ 期的资本存量；σ 为固定资产折旧率；I_t 为第 t 期的固定资产投资流量；P_t 为第 t 期的固定资产价格指数。本书主要参考张军（2004）、王艺明等（2016）等学者的研究估算资本存量。第一，估算基期年份的城市资本存量。借鉴王艺明等（2016）学者的处理思路，将省域资本存量按照地级市固定资产投资额在全省中所占比重进行折算处理。本书以 2000 年作为基期，基期的城市资本存量用当年城市固定资产投资额占相应省域固定资产投资额的比重乘以相应省域当年的资本存量计算而得，其中，基期省域资本存量采用 Young（2000）的估计方法，即用各省域 2000 年的固定资本形成额除以 10% 作为本省的初始固定资本存量。第二，估算城市的固定资产投资流量。根据投资流量的内涵，参照张军（2004）的方法，在本书中采用当年固定资本形成额来进行衡量。但是现有统计年鉴仅对省域的固定资本形成额进行了统计，并未对城市固定资本形成额进行统计，因此将各省域的固定资本形成额按照城市固定资本投资额在相应省域固定资产投资额中所占比重进行分配。第三，按照永续盘存法核算各城市的资本存量。依据张军（2004）的研究确定固定资产折旧率为 9.6%；P 为所在省域的固定资产投资价格指数。第四，采用计算出来的资本存量除以总人数得到人均资本存量。

（2）人力资本（hum）。Lucas（1988）、Romers（1990）提出的内生经济增长模型强调了人力资本是经济增长的内生动力。以内生经济增长模型为基础，众多学者经过实证研究得出，人力资本对区域经济增长不仅具有直接的推动效应（Barro，1991；姚先国和张海峰，2008；杜伟等，2014），而且人力资本的外部效应还是导致区域经济增长差异的重要原因（Lucas，1988）。目前衡量人力资本的指标主要有：劳动力平均受教育年限（姚先国和张海峰，2008；倪进峰等，2017）、高等学历人口数（沈坤荣和耿强，2001）、科技活动人员数（汪彦等，2017）、教育支出占GDP比重（刘乃全等，2016）等。根据数据的可得性，本章借鉴孙慧等（2016）、刘叶和刘伯凡（2016）等的做法，采用"每万人高校在校大学生数量"作为人力资本的代理变量。

（3）外商投资（fdi）。外商投资带来的技术外溢效应成为影响区域创新与经济增长的重要因素，但是对于技术外溢效应影响的分析存在两种不同的观点：一方面，外商投资可以通过竞争效应、人力资本流动效应、示范效应和关联效应对区域企业产生技术溢出，从而促进区域经济增长（Girma et al.，2004；李晓钟等，2007；李政等，2017）；另一方面，外商投资带来的技术保护、资源紧张、城市拥挤、环境污染等问题，将无法形成有效的技术外溢效应（Lee，2006；范承泽，2008），从而抑制城市经济的发展。鉴于此，本书也将外商投资引入模型进行验证。本章借鉴已有文献的思路，且根据数据的可得性，以各城市当年实际使用外资额占GDP的比重来衡量。实际使用外资利用各年度美元与人民币的平均汇率进行折算。

（4）城市政府规模（gov）。城市政府规模一定程度上反映了地方政府对市场配置资源干预程度的高低，政府干预程度越高，越不利于市场配置资源效率的改善从而阻碍城市经济发展。因此，本章借鉴已有文献的思路，采用城市一般政府财政预算内支出占GDP的比重表示城市政府规模，该数值越大表示政府对城市经济干预程度越强。

（5）产业结构升级（indus）。产业结构的优劣体现着一个地区经济发展的质量和水平。发展经济学结构主义指出产业结构演变是经济增长的源泉，强调了产业结构变动对经济增长的作用。柯善咨和赵曜（2014）验证了产业结构升级是各城市经济取得高效发展的关键因素。因此，本章借鉴柯善咨和赵曜的思路，采用第三产业产值与第二产业产值的比重来衡量产业结构升级。

（6）科研投入（rd）。中国的经济增长方式正经历着由要素驱动向创新驱动的转变，科研投入是创新的重要源泉。国内外多数学者的研究都认为研发投入有利于技术进步与全要素生产率的提高，进而提高地区经济增长（Keller，2002；Zachariadis，2004；卢方元等，2011；柳剑平等，2011，向国成等，2018）。科技经费投入的主体包括政府财政科技投入、企业研发投入、高等院校和科研院所的科技投入以及金融机构的科技贷款等。俞立平（2015）基于省域面板数据研究发现政府科技投入对科技创新的贡献最大。因此，本章采用地方财政科技支出占地方财政支出比重衡量科研投入。

（7）基础设施（inf）。基础设施在中国投资驱动的经济增长模式中做出了重要的贡献。交通基础设施为地区经济活动提供了最基本的服务，便于物质和人力资本的积累，有利于市场融合促进地区之间的贸易，有利于降低企业交易成本和运输成本、实现市场扩张。林毅夫（2010）指出基础设施在产业结构变迁中能够帮助企业解决外部性及协调问题。因此，本章根据数据的可得性，采用人均道路面积来衡量基础设施。

实证分析中所涉及的所有变量均来源于2005—2017年的《中国城市统计年鉴》《上海统计年鉴》《江苏统计年鉴》《浙江统计年鉴》《安徽统计年鉴》及各地级市统计年鉴，缺失数据通过插值法补齐。

三　空间相关性检验

（一）经济增长的空间分布格局

本章根据长三角城市群各个城市的人均GDP，借助GEODA软件中的natural break将长三角城市群划分为四个等级，不同等级之间的经济增长水平差距较大。2004—2016年长三角城市群人均GDP整体呈现出增长趋势，东中部地区城市的经济增长水平较高，而西部地区城市的经济增长水平相对较低，呈现出自东向西递减的态势。同时，随着时间的推移，经济增长低水平的城市数量由2004年的7个（包括宣城、池州、安庆、合肥、滁州、盐城、泰州）减少到2016年的4个（包括宣城、池州、安庆、滁州），经济增长高水平的城市数量由2004年的2个（包括无锡、常州）增加到2016年的6个（包括苏州、无锡、常州、镇江、南京、杭州）。

（二）全局空间自相关检验

首先采用地理距离权重矩阵下的Moran's I指数，对长三角城市群经济增长的全局空间相关性进行检验分析，Moran's I指数测算结果见表4-1。

表4-1　　　　　　　经济增长的全局Moran's I指数

年份	I	sd（I）	z	p-value
2004	0.1972	0.1391	1.7331	0.055
2005	0.1440	0.1309	1.4784	0.078
2006	0.1600	0.1379	1.4710	0.087
2007	0.1602	0.1290	1.5198	0.063
2008	0.1588	0.1289	1.6190	0.054
2009	0.1435	0.1261	1.5335	0.067
2010	0.1114	0.1404	1.0752	0.122
2011	0.1708	0.1392	1.5505	0.067
2012	0.1618	0.1391	1.4860	0.073
2013	0.1310	0.1257	1.3815	0.078
2014	0.1490	0.1356	1.4565	0.074
2015	0.2407	0.1367	2.0928	0.020
2016	0.2732	0.1354	2.2978	0.009

由表4-1可知，2004—2016年，长三角城市群经济增长的Moran's I分布在0.11—0.27。2004—2014年Moran's I通过了10%的显著性检验（2010年除外），2015年和2016年分别通过了5%和1%的显著性检验，说明长三角城市群经济增长存在明显的空间正相关性，反映了显著的空间集聚和依赖性，具体特征表现为经济增长水平高的城市相邻，经济增长水平相对低的城市相邻。

第四章
产业协同集聚的经济增长效应

从时空变化趋势来看（见图4-1），Moran's I 指数整体呈现先下降后波动上升的变化趋势。其中，2010年的 Moran's I 指数最低，2014—2015年 Moran's I 指数出现了较大幅度的增长，经济增长的空间相关性呈现出不断增强的趋势。

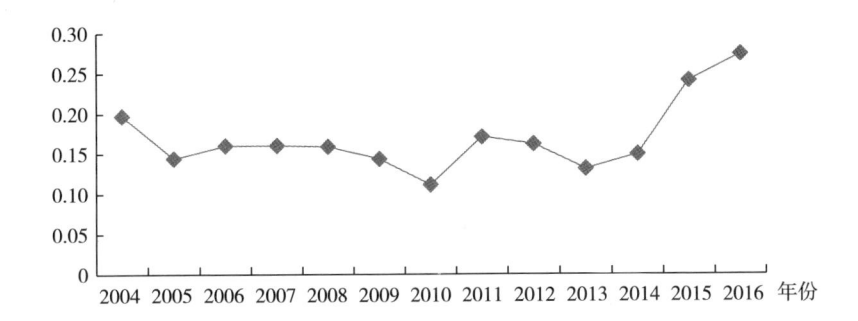

图 4-1 2004—2016 年经济增长 Moran's I 变化趋势

（三）局部空间相关性分析

全局 Moran's I 指数无法反映出长三角城市群经济增长的局部空间自相关性特征以及局部空间集聚的趋势特征，因此本章通过绘制莫兰（Moran）散点图，进一步探究长三角城市群经济增长的局部空间特征。限于篇幅的限制，本章仅选取 2004 年、2007 年、2011 和 2016 年经济增长莫兰（Moran）散点图进行分析，如图 4-2 所示。

图 4-2 显示四个年份长三角城市群经济增长的 Moran's I 散点图，反映出随着时间的推移长三角城市群经济增长的空间格局及其动态演变趋势，显现出长三角城市群经济增长的空间自相关性和异质性特征。大部分城市位于第一象限（高高类型）和第三象限（低低类型），两者都表现出正向空间相关性，形成了经济增长的高值集聚区和低值集聚区，而且位于第一象限高高类型的城市数量不断增加；少数城市位于第二象限（低高类型）和第四象限（高低类型），这些城市偏离了全局空间正相关性的特征，表现为局部负相

关性。同时，随着时间的推移，各象限的散点分布呈现出由相对集中向外扩散的趋势，说明城市群内部经济增长水平的空间差异进一步扩大，两极分化的趋势加剧。因此，从整体来看，长三角城市群经济增长存在正向空间相关性及空间集聚性，且呈现出不断加强趋势。

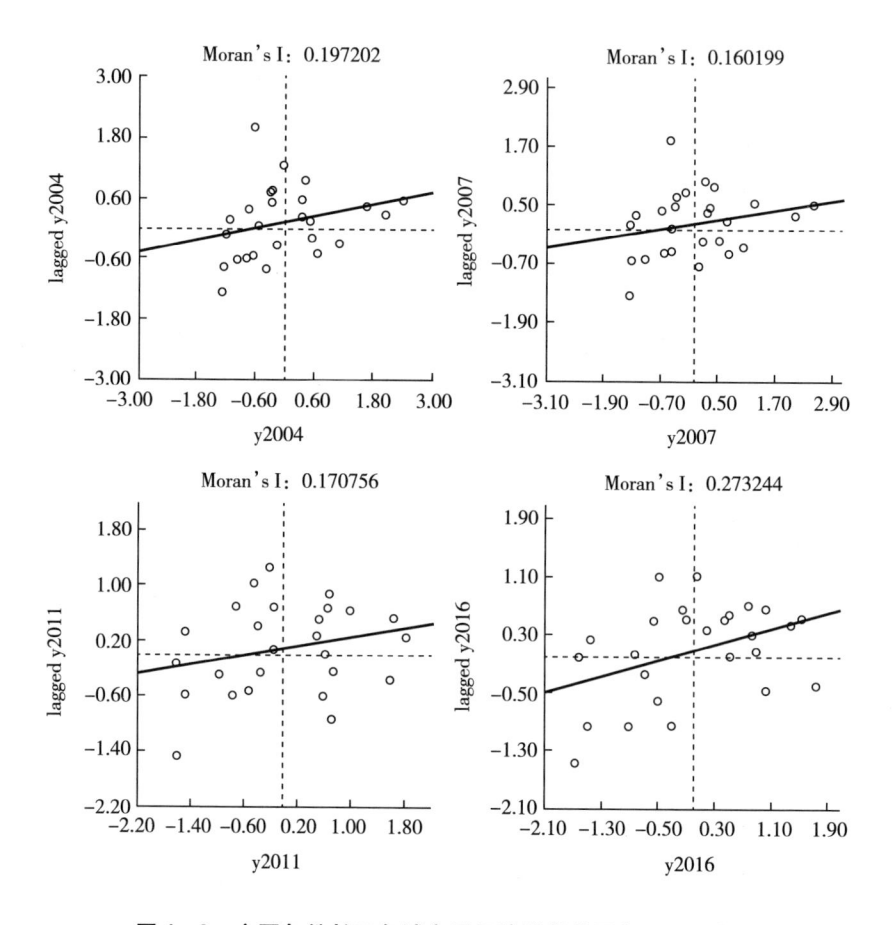

图 4-2 主要年份长三角城市群经济增长的局部 Moran's I

表 4-2 是 2004 年、2007 年、2011 年和 2016 年经济增长 Moran's I 散点图对应的具体城市。

表4-2　　　经济增长局部 Moran's I 指数城市分布

年份	第一象限	第二象限	第三象限	第四象限
2004	上海、常州、苏州、镇江、无锡、绍兴、嘉兴	舟山、台州、金华、泰州、湖州、宣城、南通、扬州	盐城、芜湖、铜陵、池州、安庆、合肥、滁州、马鞍山	南京、杭州、宁波
2007	上海、苏州、常州、镇江、无锡、绍兴、嘉兴、舟山	泰州、金华、台州、湖州、宣城、南通、滁州、扬州	盐城、芜湖、池州、安庆、合肥	南京、宁波、杭州、铜陵、马鞍山
2011	上海、苏州、常州、镇江、无锡、绍兴、嘉兴、舟山	泰州、金华、湖州、宣城、南通、滁州、扬州	盐城、芜湖、池州、安庆、合肥、滁州、马鞍山	南京、宁波、杭州、铜陵
2016	上海、苏州、常州、镇江、无锡、绍兴、嘉兴、舟山、宁波、扬州、南通	泰州、金华、湖州、宣城、台州、盐城	芜湖、池州、安庆、合肥、铜陵、滁州、马鞍山	南京、杭州

由表4-2可知，长三角城市群中以上海为中心的东部城市属于"高高"类型，而"低低"类型以西部安徽省的城市为主，"高低"类型主要为南京和杭州两个省会城市（同时也是副省级城市），与周边城市的差距相对较大。由于经济演变周期较长，因此四个年度对应的城市类型相对稳定，变化不大。具体有以下变化：2007年舟山由"低高"类型转变为"高高"类型；2016年扬州、南通由"低高"类型转变为"高高"类型；2016年宁波由"高低"类型转变为"高高"类型；铜陵一度由"高低"类型转为"低低"类型。

为了更进一步分析长三角城市群经济增长的关联性，反映高值集聚区和低值集聚区的空间溢出效应，本书对2004年、2007年、2011年和2016年局部 Moran's I 指数统计量的显著性进行了检验。2004年通过显著性检验的城市中，属于"高高"集聚类型的是苏州和嘉兴，属于"低低"集聚类型的是安庆和铜陵，属于"低高"集聚类型的是南通和湖州。2007 年，铜陵转为"高低"集聚类型，安庆没有通过显著性检验，"高高"集聚型和"低高"集聚型城市和 2004 年一致。2011 年通过显著性检验的城市中，属于"高高"集聚型的上海变得显著，芜湖属于"低低"集聚型，"高低"集聚型为铜陵和南京，"低高"集聚型仍然为南通和湖州。2016 年，"低低"集聚类型的城市有所增加，包括合肥、芜湖、铜陵和池州，南通不再显著。

从整体来看，在四个时间点上，通过5%显著性检验且为"高高"类型的城市主要在长三角城市群东部地区，显示了以上海为中心的城市具有较强的经济实力和经济带动作用；"低低"类型的城市主要集中在长三角西部地区，且呈现集聚趋势，这些城市主要位于安徽省，经济社会发展相较于江苏、浙江和上海长期滞后。

四 空间效应分析

根据前述空间自相关性分析可知，长三角城市群经济增长存在空间相关性，因此可以通过构建与估计空间计量模型，来探讨长三角城市群的产业协同集聚的经济增长效应。

（一）空间计量模型检验及识别

本章首先采用一般面板回归模型对长三角城市群制造业与生产性服务业协同集聚的经济增长效应进行普通最小二乘估计。通过对模型残差序列进行空间自相关检验，从而判断进行空间计量估计的必要性。在此基础上，通过 LM 检验及其稳健性检验（Robust LM）选择适用的空间计量模型。由估计结果表 4-3 可以看出，Moran's I 为 14.668，通过 1% 水平的显著性检验，说明残差序列存在显著的空间自相关性，即对长三角城市群制造业与生产性服务业协同集聚的经济增长效应进行分析时应当考虑空间因素。LM error 和 Robust LM error 统计值分别为 150.157 和 133.288，均通过了 1% 的显著性检验；LM lag 和 Robust LM lag 统计值分别为 20.531 和 3.662，分别通过了 1% 和 10% 的显著性检验，说明空间误差和空间滞后的显著性明显，因此本章分别使用空间滞后模型（SAR）、空间误差模型（SEM）进行分析。

表 4-3　　　　　　空间计量模型检验及识别结果

	检验方法	统计量	伴随概率
空间依赖性检验	Moran's I	14.668***	0.000
	LM test no spatial error	150.157***	0.000
	Robust LM test no spatial error	133.288***	0.000
	LM test no spatial lag	20.531***	0.000
	Robust LM test no spatial lag	3.662*	0.056

（二）空间计量模型分析

通过对空间计量模型进行 Hausman 检验（chi2 = 15.06*），以及对时间、空间和双向固定三种模型 R^2 的比较，确定本章选用时间固定效应的空间滞后模型（SAR）和空间误差模型（SEM）。为了比较一般面板模型和空间计量模型对长三角洲 26 个地级市制造业与生产性服务业协同集聚经济增长效应估计的差异性，本书将 OLS 和 SAR、SEM 三种模型进行了对比分析。由表 4-4 可以看出，空间滞后模型（SAR）的 Log-likelihood 为 115.33，拟合值为 0.9467，均高于 OLS 模型和 SEM 模型估计的结果，说明拟合效果较为理想，如果不考虑城市之间的空间因素则会降低估计结果的有效性。

表 4-4　长三角城市群产业协同集聚与经济增长的空间计量结果

变量	OLS 系数	t 值	SAR 系数	z 值	SEM 系数	z 值
lnco	-0.0678* (0.0396)	-1.71	-0.1135*** (0.0408)	-2.78	-0.1015** (0.0421)	-2.41
lnpk	0.6601*** (0.0203)	32.6	0.5770*** (0.0283)	20.39	0.6117*** (0.0256)	23.93
lnhum	0.0537*** (0.0136)	3.95	0.0924*** (0.0169)	5.47	0.0656*** (0.0141)	4.66
lnfdi	-0.0101 (0.0119)	-0.85	0.0006 (0.0126)	0.04	0.0051 (0.0135)	0.38

续表

变量	OLS		SAR		SEM	
	系数	t值	系数	z值	系数	z值
lngov	-0.1432*** (0.0140)	-10.25	-0.1499*** (0.0150)	-9.96	-0.1607*** (0.0145)	-11.09
lnindus	-0.0686** (0.0283)	-2.42	-0.0768*** (0.0278)	-2.76	-0.0716** (0.0278)	-2.57
Lnrd	0.0223* (0.0127)	1.75	0.0123 (0.0142)	0.87	0.0123 (0.0141)	0.87
lninf	0.1620*** (0.0255)	6.36	0.1285*** (0.0262)	4.90	0.1496*** (0.0268)	5.59
Spatial rho			0.3382*** (0.1268)	2.67		
Spatial lambda					0.0869* (0.2410)	2.36
Variance sigma2_e			0.0302*** (0.0024)	12.54	0.0303*** (0.0023)	13.00
R^2	0.9323		0.9467		0.9316	
Log-likelihood			115.33		111.51	

注：***、**、*分别表示在1%、5%和10%显著性水平下显著。

从估计结果可知，空间溢出效应系数是0.3382，通过了1%水平的显著性检验，说明长三角城市群的经济增长存在显著的空间正相关关系，即某一城市的经济增长在一定程度上依赖于其他具有相似空间特征城市的经济增长，与前述的空间自相关性检验结果一致。从产业协同集聚（lnco）的回归系数来看，在OLS、SAR和SEM模型中lnco的影响系数始终显著为负，说明从长三角城市群整体来看，制造业与生产性服务业协同集聚对经济增长产生了拥挤效应。

（三）空间效应识别

詹姆斯·勒沙杰和R.凯利·佩斯（2013）、J.保罗·埃尔霍斯特（2015）均认为应使用解释变量的间接效应反映空间溢出效应是否存在。在固定效应 SAR 模型估计的基础上，利用偏微分的方法对制造业与生产性服务业协同集聚度以及各控制变量对于经济增长的影响进行了空间效应分解。空间效应包括直接效应和间接效应，直接效应反映的是空间单元解释变量的改变对本地区被解释变量的影响，而间接效应则反映的是空间单元解释变量的改变对其他空间单元产生的影响，又称为空间溢出效应。

表 4-5 中，总效应表示制造业与生产性服务业协同集聚度以及各控制变量对于经济增长的影响，直接效应表示各城市制造业与生产性服务业协同集聚度以及各控制变量对本城市经济增长的影响，间接效应表示邻接城市制造业与生产性服务业协同集聚度以及各控制变量对本城市产业经济增长的影响。

表 4-5　　　　　解释变量空间溢出效应分解结果

变量	总效应	直接效应	间接效应
lnco	-0.1805**	-0.115***	-0.0655
	(0.0805)	(0.0430)	(0.0493)
lnpk	0.908***	0.582***	0.326*
	(0.194)	(0.0273)	(0.196)
lnhum	0.149***	0.0933***	0.0560
	(0.0566)	(0.0180)	(0.0426)
lnfdi	0.001	0.0008	0.0002
	(0.0208)	(0.0129)	(0.0086)
lngov	-0.236***	-0.152***	-0.0847*
	(0.0526)	(0.0146)	(0.0503)
lnindus	-0.120**	-0.0764***	-0.0439
	(0.0569)	(0.0294)	(0.0350)
lnrd	0.0201	0.0131	0.0070
	(0.0223)	(0.0139)	(0.0098)

续表

变量	总效应	直接效应	间接效应
lninf	0.202***	0.130***	0.0721*
	(0.0550)	(0.0264)	(0.0435)

注：***、**、*分别表示1%、5%、10%的显著性水平，括号内的数字为标准误差值。

核心解释变量生产性服务业与制造业协同集聚对长三角城市群经济增长的直接效应显著为负，说明各城市自身的制造业与生产性服务业协同集聚对自身经济增长产生了抑制作用。根据前一节的机理分析，产业协同集聚的经济增长效应并不必然为正，Williamson (1965)研究发现当经济发展达到一定水平时，集聚的经济增长效应会减小甚至出现负值，即"威廉姆森假说"。徐盈之和刘修岩等(2011)基于我国省域数据也得出了类似的结果。自改革开放40多年以来，长三角城市群经济活动集聚特征明显，但伴随着资源约束、交通拥塞、环境污染等问题，集聚的拥挤效应逐渐显现，城市之间的竞争日趋激烈。同时，产业协同集聚涉及多个行业之间的布局，有限空间范围内企业数量庞大，就业密度大，企业之间经济关联网络更具复杂性，使聚集的经济增长效应被抵消，这些事实在一定程度上印证了"威廉姆森假说"。间接效应为负但不显著，说明城市间产业协同集聚存在竞争性，相邻城市制造业与生产性服务业协同集聚会导致本城市包括劳动力在内的生产要素外流，从而抑制城市经济增长，但是这种抑制作用尚不明显。制造业与生产性服务业协同集聚的非均衡性，导致城市间经济增长存在差异性同时产生空间集聚，由此导致长三角地区城市间经济增长水平存在空间差异性。

对于控制变量而言，资本存量对长三角城市群经济增长的直接效应和间接效应均显著为正，说明长三角城市本身以及城市之间资本存量对经济增长的促进作用显著，这与预期以及一般经济规律相符。人力资本对长三角城市群经济增长的直接效应显著为正,说明人力资本对长三角城市群经济增长具有正向推动作用,伴随着人力资本水平的不断提高,其"累积效应"得以有效发挥,促进经济增长。间接效应也为正,未通过显著性检验,说明人力资本在长三角地区城市之间存在"溢出效应",从而促进城市间经济增长,但影响尚不显著。外商投资对长三角城市群经济增长的直接效应和间接效应均为正,未通过显著性检验,且影响系数相对较小。这说明随着长三角地区外企数量与规模的不断扩大,其对经济增长的影响效应开始减弱,原因在于外资企业的进入对国内企业会产生一定的挤压效应,而且内资企业不一定通过外资引进获得先进的技术及管理经验,徐建中和李奉书(2017)也得出了类似结论。政府干预对长三角城市群经济增长的直接效应和间接效应均显著为负,充分说明在市场经济相对完善的长三角地区,政府规模的扩大降低了资源配置的效率,不利于推动城市间经济的增长;而且每个城市在寻求自身最大发展空间过程中,更多依赖于规模经济而忽视了城市自身资源环境承载力,这一结论与陈晓峰(2015)的结论一致。产业结构对长三角城市群经济增长的直接效应和间接效应均为负,直接效应显著性检验。由于人才、技术、知识等要素质量不匹配,尽管长三角城市群的产业不断升级优化,但是仍然处于全球价值链的低端,产业附加值偏低,这也是导致产业结构高度化抑制了经济增长的重要原因,这一结论与傅元海等(2016)、孙湘湘等(2017)的结论一致。科研投入对长三角城市群经济增长的直接效应和间接效应均为正,但未通过显著性检验,说明在经济增长方式由要素驱动向创新驱动的转变中,城市之间依靠科技投入拉动经济增长的效应还不明显。基础设施对长三角城市群经济增长的直接效应和间接效应均显著为正,这充分说明长三角城市群基础设施的快速发展,能有效促进城市经济增长。

第三节　产业协同集聚影响经济增长的门槛效应

根据前述分析，得出长三角城市群生产性服务业与制造业协同集聚影响经济增长存在显著的空间溢出效应。这一部分将继续探究产业协同集聚对经济增长的非线性影响效应。此项研究预设的基础为：其一，制造业与生产性服务业协同集聚对城市经济增长的作用过程存在各种影响因素和约束条件。需要明确的是，制造业与生产性服务业协同集聚所产生的经济增长溢出本身就是一个动态复杂的系统，在对城市经济增长进行影响传导时必然会受到诸多因素的制约，因此产业协同集聚对城市经济增长的线性影响关系无法令人信服。其二，基于上述先验假设，对此问题的研究需要回到制造业集聚与生产性服务业集聚对经济增长影响是否具有非线性效应的逻辑起点。自从"威廉姆森假说"被提出来之后，Brulhart 和 Sbergami（2008）基于国家层面的数据研究得出，只有当经济发展达到一定水平时集聚才能推动经济增长。王丽丽（2011）从对外开放的视角得出制造业集聚对经济增长的影响存在显著门槛效应。洪娟和廖信林（2012）基于动态面板一阶差分广义矩估计方法对长三角制造业集聚与经济增长关系的研究发现，二者之间表现出强烈的非线性共生关系，当产业集聚达到一定程度，其所产生的负外部性使集聚不利于经济增长。金春雨和程浩（2015）等基于面板平滑迁移模型研究得出，在经济发展处于较低水平时，制造业集聚不利于区域经济增长；当经济发展到较高水平时，制造业集聚对经济增长具有显著促进作用。韩峰等（2014）在新经济地理理论框架下，基于城市面板数据研究得出，随着经济增长分位数增加生产性服务业对经济增长的边际贡献率呈现倒"U"形特征。李子叶等（2015）基于面板数据，运用门槛回归分析法研究得出，随着生产性服务业集聚水平的提高，其对经济增长方式转变的影响存在空间异质门槛效应。纪玉俊（2015）通过研究发现，在对外开放的不同取值范围内城市服务业对经济增长的影响效应不同。以上两方面的理论思考有助于我们揭示生产性服务业与制造业协同集聚对经济增长的非线性影响效应。

本章在研究产业协同集聚对经济增长影响的约束条件时，主要采用"门槛回归"方法，此方法是对分组检验方法的扩展，可以避免传统分组检验中存在的确定分组标准具有的主观性问题，也可以避免交互检验存在的共线性问题。豆建民和刘叶（2016）、周明生和陈文翔（2018）、伍先福（2017）均采用此方法验证了产业协同集聚对经济增长存在的非线性门槛特征。

一 模型设定与变量选择

（一）模型设定及检验方法

根据既有研究成果可知，产业协同集聚对经济增长的影响效应可能存在非线性关系，具有某种区间效应。因此，本章借鉴 Hansen（1999）提出的面板门槛回归模型进一步分析生产性服务业与制造业协同集聚对经济增长的影响效应。面板门槛回归模型的基本方程为：

$$Y_{it} = \sigma_i + \beta_1 X_{it} \cdot I(q_{it} \leq \gamma) + \beta_2 X_{it} \cdot I(q_{it} > \gamma) + \theta D_{it} + \varepsilon_{it} \quad (4-6)$$

式中，q_{it} 为门槛变量，γ 表示待估计的门槛值，$I(\cdot)$ 表示示性函数，D_{it} 为控制变量，σ_i 表示个体效应，ε_i 为独立同分布的随机扰动项。基于 Hansen 的面板门槛模型，本章的面板门槛回归模型设定为：

$$y_{it} = \mu_i + \beta'_1 co_{it} \cdot I(q_{it} \leq \gamma) + \beta''_2 co_{it} \cdot I(q_{it} > \gamma) + \theta D_{it} + \varepsilon_{it}$$

$$(4-7)$$

式中，y_{it} 表示被解释变量经济增长；co_{it} 表示核心解释变量制造业与生产性服务业协同集聚度；控制变量 D_{it} 主要有人均资本存量（pk）、人力资本（hum）、政府规模（gov）、产业结构（indus）、科研投入（rd）；门槛变量有城市规模（popul）、对外开放度

(open)、就业密度(ed)。

面板回归门槛模型在进行参数估计的时候,通常采用去除组内平均值的方法消除个体效应 σ_i 的影响,从而得到模型的离差形式如下:

$$y_{it} - \bar{y}_i = \beta'[co_{it}(\gamma) - \overline{co}_i(\gamma)] + (\varepsilon_{it} - \bar{\varepsilon}_i) \tag{4-8}$$

令 $y_{it}^* = y_{it} - \bar{y}_i$,$co_{it}^*(\gamma) = co_{it}(\gamma) - \overline{co}_i(\gamma)$,$\varepsilon_{it}^* = \varepsilon_{it} - \bar{\varepsilon}_i$,上式可变形为:$y_{it}^* = \beta' co_{it}^*(\gamma) + \varepsilon_{it}^*$ (4-9)

在此基础上估计门槛值 γ 及斜率 β。从理论角度来看,门槛值 $\gamma \in \{q_{it}: 1 \leq i \leq n, 1 \leq t \leq T\}$。因此,对于给定的门槛值,采用 OLS 对公式(4-9)进行估计,计算出对应的残差平方和 $S(\gamma)$,如果给定的 γ 越接近真实的门槛值,则残差平方和 $S(\gamma)$ 就越小。因此,最终选择使 $S(\gamma)$ 最小的 γ_0,即所估计的 $\tilde{\gamma}$,公式可表达为 $\tilde{\gamma} = \arg\min_{\gamma} S_1(\hat{\gamma})$,从而得出真实的参数估计值,最后估计得出系数值 $\hat{\beta}(\hat{\gamma})$。

接下来对门槛效应的显著性与真实性进行检验,原假设为:$H_0: \beta_1 = \beta_2$,检验统计量为:$F_1 = (SSR_0 - SSR_1(\hat{\gamma}))/\tilde{\delta}^2$。

其中,SSR_0 为原假设约束条件下计算得出的残差平方和,且 $SSR_0 \geq SSR_1(\hat{\gamma})$,若差值越大,则 SSR 越显著;$\tilde{\delta}^2$ 为残差平方和,即扰动项方差的估计量。

如果检验结果拒绝原假设 $H_0: \beta_1 = \beta_2$,则判断存在门槛效应,但是在原假设成立的条件下,由于门槛值 γ 具有不确定性,导致统计量 F_1 并不满足标准正态分布,无法计算其临界值。可采用"自抽样法"模拟得出 P 值,根据 P 值对门槛值的显著性进行检验。在此基础上,进一步检验门槛值的真实性。

单门槛真实性检验的原假设和检验统计量分别为:

$H_0: \gamma_1 = \gamma_2$ $\qquad LR_1 = [S_1(\gamma) - S_1(\hat{\gamma})]/\tilde{\delta}^2$

式中,由于 LR_1 也是非标准正态分布,可采用 Hansen 给出的公式 $LR_1 \leq -2\ln(1 - \sqrt{1-\alpha})$ 计算得出其非拒绝域,其中 α 为显著性水平。

若单门槛显著性检验拒绝原假设 H_0，表明至少存在一个门槛值，则需要继续对第二个门槛值进行检验，依次类推。

（二）变量选取与数据来源

被解释变量：城市经济增长（y）。本章依然采用人均国内生产总值，并利用各年度 CPI 指数折算成以 2004 年为基期的实际人均国内生产总值。

核心解释变量：产业协同集聚度（co）。本章依然沿用第三章计算出来的制造业与生产性服务业的协同集聚度来衡量产业协同集聚水平。

门槛变量：

（1）城市规模（popul）。当城市规模较小时，相同或相近行业的企业不断集中，在中间品共享和知识溢出效应的作用下，企业和产业生产效率不断提升，从而促进城市经济增长。但是，由于小规模城市生产方式有限，个别产业会产生集聚"不经济"从而削弱促进作用，甚至对经济增长产生抑制效应。当城市规模扩大时，产业关联紧密的企业为了降低运输成本和劳务成本不断进入城市，产业间形成良好的互动和融合关系，推动产业优化升级，促进经济增长。当城市规模进一步扩大，协同集聚带来的拥挤效应显现，协同集聚抑制城市经济增长。因此，选用城市规模作为门槛变量，进一步验证长三角城市群产业协同集聚的"城市规模"门槛效应。本章借鉴豆建民（2016）的研究，采用各城市年末户籍人口数来衡量城市规模。

（2）对外开放度（open）。Krugman 和 Elizondo（1996）提出的"开放性假说"指出产业集聚对封闭经济的作用效应比开放经济更大，其原因在于地理距离的临近提升了国内贸易，因而减少了与其他国家的国际贸易。孙浦阳等（2011）基于国家面板数据得出开放程度在集聚对经济增长的影响机制中呈现了负向作用效应。于斌斌（2015）基于产业多样化集聚验证了"开放性假说"在经济发展中的存在性。因此，本章将对外开放作为门槛变量验证长三角城市群产业协同集聚的门槛效应。借鉴王晶晶等（2014）的思想，采用各城市当年实际使用外资额占 GDP 的比重来衡量对外开放度。实际使用外资利用各年度美元与人民币的平均汇率进行折算。

（3）就业密度（ed）。Marshall（1920）指出产业和劳动力在一定地域范围内的集聚会产生规模报酬递增和集聚经济。但是，随着劳动力就业密度的不断增加，城市生活成本快速上升引起的拥挤效应会抵消集聚产生的规模经济，从而出现集聚不经济。柯善咨和姚德龙（2008）指出我国城市就业的空间密度过高，其拥挤效应导致生产率降低。因此，本书将就业密度作为门槛变量验证产业协同集聚的门槛效应。借鉴范剑勇（2006）、柯善咨和姚德龙（2008）、刘修岩（2009）的思路，采用非农业就业人数除以城市建成区面积衡量就业密度。

实证分析中所涉及的所有变量均来源于 2005—2017 年的《中国城市统计年鉴》《上海统计年鉴》《江苏统计年鉴》《浙江统计年鉴》《安徽统计年鉴》及各地级市统计年鉴，缺失数据通过插值法补齐。

二 实证结果及分析

（一）以城市规模（lnpopul）为门槛变量

根据前文所设定的面板门槛回归模型及检验方法，以城市规模的自然对数（lnpopul）作为制造业与生产性服务业协同集聚的门槛变量，依次进行了门槛效应检验。由表 4-6 可知，当以城市规模作为门槛变量时，单门槛的 F 值为 32.51，Bootstrap 方法得到的 P 值为 0.04，通过了显著性检验，而双重门槛与三重门槛均未通过显著性检验。基于面板门槛模型的显著性检验，对单门槛值及其真实性进行估计检验。图 4-3 是根据置信区间及其门槛估计值的取值点绘制的似然比函数（LR）曲线，水平虚线表示 95% 置信水平下的 LR 临界值。当 LR 曲线与水平零值线相交，其最低点对应的即为门槛值。因此，由表 4-7 和似然图 4-5 可知，制造业与生产性服务业协同集聚对经济增长的门槛值为 6.4509，将门槛值转换为自然数即得出城市规模为633万人，似然比值（LR）小于95%置信水平下的临界值，表明模型估计的单门槛值通过真实性检验。

表4-6　　　　　　　　　门槛效果检验结果

模型	F值	P值	BS次数	临界值 1%	临界值 5%	临界值 10%
单一门槛	32.51	0.04	300	36.4868	31.0477	25.2555
双重门槛	16.80	0.44	300	31.8147	28.9861	24.1685
三重门槛	12.10	0.82	300	52.5600	36.0992	33.0978

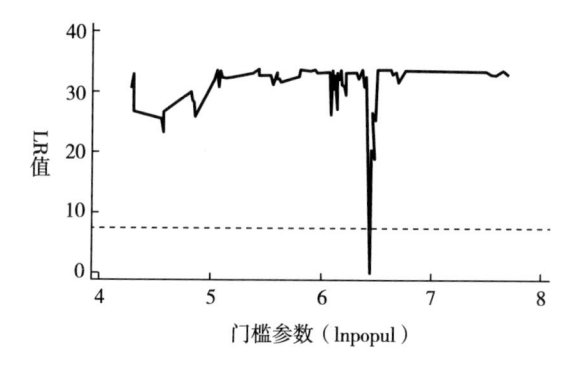

图4-3　LR似然图

表4-7　　　　　　　　　门槛估计值及置信区间

	门槛估计值	95%置信区间
单一门槛模型	6.4509	[6.4454, 6.4558]
双重门槛模型		
城市规模1	6.4509	[6.4454, 6.4558]
城市规模2	6.7691	[6.7311, 6.7729]

◇ 产业协同集聚的经济效应研究

估计得出面板门槛模型的单门槛值，进而对面板门槛模型进行回归分析，参数估计结果见表 4-8。当城市规模低于 633 万人时，影响系数为 -0.4865，通过 1% 的显著性检验，说明此时产业协同集聚对经济增长存在明显的抑制效应。当城市规模大于 633 万人时，影响系数为 0.0839，但未通过显著性检验。这个由负向正的作用规律表明，受城市规模的影响，长三角城市群产业协同集聚对经济增长变化的影响存在差异性。豆建民（2016）以中国 285 个地级及以上城市为样本研究得出当城市规模大于 199.996 万人时，产业协同集聚对城市经济呈现出抑制作用。伍先福（2017）以中国 246 个地级及以上城市为研究对象得出当城市人口大于 225 万人时，产业协同集聚不利于经济增长。本书通过梳理长三角城市群 26 个城市的户籍人口数据后发现，仅铜陵、池州、舟山三市的人口规模小于 200 万人，其他城市均大于 200 万人。因此，长三角城市群产业协同集聚对经济增长首先表现为负向抑制作用，符合已有研究结论，其原因在于长三角作为中国经济最发达的地区之一，城市规模扩大趋势明显，已经形成了"一超二特三大"的格局，同时由于受资源、环境等的限制，过度集聚带来的拥挤效应日益显著因而抑制了城市经济的增长。但是，当城市规模大于 633 万人的时候，产业协同集聚对经济增长的作用开始由负转为正，尽管这种影响并不显著。长三角城市群城市规模大于 633 万人的城市主要有：上海市（直辖市）、杭州市（浙江省省会及副省级城市）、盐城市（江苏省面积最大的地级市）、南通市（江苏省地级市）、合肥市（安徽省省会城市）、苏州市（江苏省地级市）、南京市（江苏省省会及副省级城市）。这些城市主要以直辖市和省会城市为主，它们在城市发展的过程中更加注重合理地转移与布局传统制造业，同时大力发展以服务业为主的第三产业，促进制造业与服务业的协同发展，从而提高了产业协同集聚对经济增长的影响效应。

第四章 产业协同集聚的经济增长效应

表4-8　　　　　　　　　门槛回归结果

变量	估计系数	T统计量	P值
$q_{it} \leq 6.4509$	-0.4865***	-2.75	0.006
$q_{it} > 6.4509$	0.0839	1.52	0.129
F-stata	451.62		
R^2	0.8837		
观察值	338		

（二）以对外开放度（lnopen）为门槛变量

以各城市实际使用外资额占GDP比重的自然对数（lnopen）作为门槛变量，依次进行单门槛、双重门槛及三重门槛的门槛效应检验。根据表4-9可知，单门槛和双重门槛的F值分别是25.69和16.70，分别通过了5%和10%的显著性检验，而三重门槛未通过显著性检验。在门槛效应显著性检验的基础上，本书进行门槛值的估计，并对其真实性进行检验。根据表4-10和似然比函数图4-4可知，制造业与生产性服务业协同集聚对经济增长的单门槛值为-2.771和双重门槛值为-3.985，似然比值（LR）均小于临界值，表明由模型估计的单门槛值和双重门槛值与实际门槛值相符。

表4-9　　　　　　　　　门槛效果检验结果

模型	F值	P值	BS次数	临界值 1%	临界值 5%	临界值 10%
单一门槛	25.69**	0.04	500	39.0316	26.3441	20.8697
双重门槛	16.70*	0.06	500	24.6001	18.4252	16.0183
三重门槛	9.06	0.486	500	47.5296	29.0682	22.2245

表4-10　　　　　　　　门槛估计值及置信区间

	门槛估计值	95%置信区间
单一门槛模型	-2.771	[-2.7995，-2.7551]

◇ 产业协同集聚的经济效应研究

续表

双重门槛模型		
对外开放1	-3.985	[-4.0701, -3.9271]
对外开放2	-2.771	[-2.7995, -2.7551]

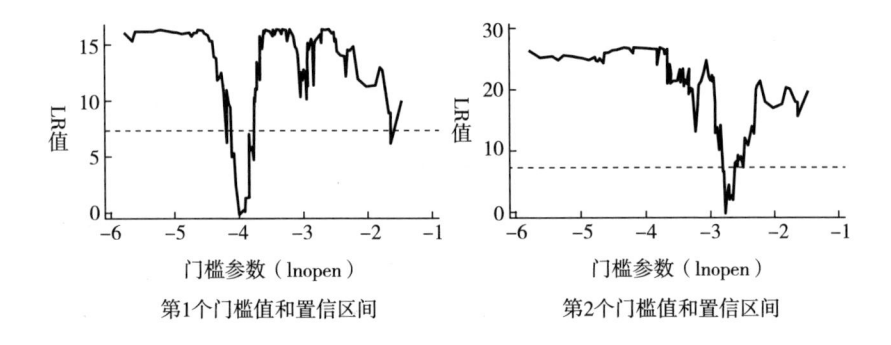

第1个门槛值和置信区间　　　　第2个门槛值和置信区间

图4-4　LR似然图

将门槛值转换为自然数分别为 0.0186 和 0.0626，即得出对外开放度的单一门槛值为 1.86%、第二门槛值为 6.26%。根据表 4-9 可知，当对外开放度低于 1.86% 时，影响系数为 -0.0664，制造业与生产性服务业协同集聚对经济增长产生抑制作用，但作用不显著；当对外开放度介于 1.86% 与 6.26% 之间时，影响系数为 0.1801，通过了 1% 的显著性检验，产业协同集聚显著促进经济增长；当对外开放度大于 6.26% 时，影响系数为 -0.019，制造业与生产性服务业协同集聚对经济增长产生抑制作用，但作用不显著。由此可以得出，对外开放程度的变化影响长三角城市群产业协同集聚的经济增长效应。目前，长三角城市群实际使用外商投资占比为 4.92%，小于第二门槛值 6.26%，表明对外开放在现阶段对产业协同集聚经济增长具有促进作用，长三角各城市通过扩大对外开放，更好地解决生产性服务业面临的进入门槛高和市场准入范围狭窄的难题，通过生产性服务业产生的技术、管理、制度等方面的溢出效应，使制造业与生产性服务业衔接更为紧密，从而促进产业协同集聚发展。

表4-11　　　　　　　　门槛回归结果

变量	估计系数	T统计量	P值
$q_{it} \leq -3.985$	-0.0664	-1.00	0.319
$-3.985 < q_{it} \leq -2.771$	0.1801***	2.94	0.004
$q_{it} > -2.771$	-0.019	-0.26	0.792
F-stata	445.86		
R^2	0.9165		
观察值	338		

（三）以就业密度（lned）为门槛变量

以就业密度（lned）作为门槛变量，依次进行门槛效应检验。根据表4-12可知，单门槛的F值是37.17，通过了5%的显著性检验。根据似然比函数图可知（见图4-5），制造业与生产性服务业协同集聚对经济增长的单门槛值为2.1790，似然比值（LR）小于临界值，表明由模型估计的单门槛值通过真实性检验。

表4-12　　　　　　　　门槛效果检验结果

模型	F值	P值	BS次数	临界值 1%	临界值 5%	临界值 10%
单一门槛	37.17**	0.012	500	38.6218	28.8676	25.5418
双重门槛	18.29	0.214	500	55.6662	33.8398	25.2811
三重门槛	11.60	0.6920	500	63.0817	48.8755	36.3444

表4-13　　　　　　　　门槛估计值及置信区间

	门槛估计值	95%置信区间
单一门槛模型	2.1790	[2.1513, 2.1945]
双重门槛模型		

续表

就业密度1	2.1790	[2.1513, 2.1945]
就业密度2	5.2204	[5.1701, 5.2335]

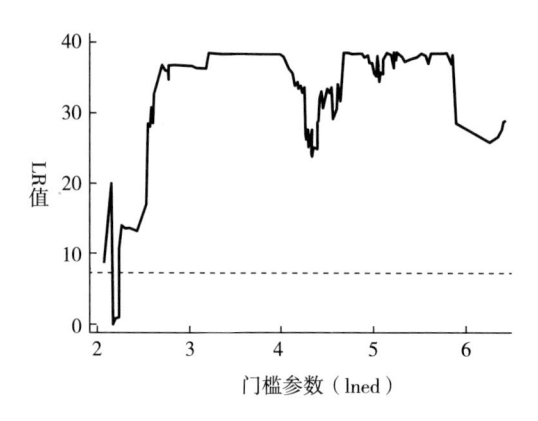

图4-5 LR似然图

将门槛值转换为自然数形式为8.8375，即得出就业密度的单一门槛值为8.8375人/平方公里。根据表4-14可知，当就业密度小于8.8375人/平方公里时，影响系数为0.8158，协同集聚显著正向促进经济增长；当就业密度大于8.8375人/平方公里时，影响系数下降为0.1567，协同集聚对经济增长的正向促进作用大幅减小。从影响程度由大到小的变化规律可以得出，就业密度的变化影响产业协同集聚的经济增长效应。生产性服务业与制造业在城市中集中布局，引起了人口的集聚，产业协同集聚的规模效应下降，而拥挤效应逐渐显现，因此造成了城市经济效率的下降。

表4-14 门槛回归结果

变量	估计系数	T统计量	P值
$q_{it} \leqslant 2.1790$	0.8158	5.34	0.000
$q_{it} > 2.1790$	0.1567	2.43	0.016

续表

变量	估计系数	T统计量	P值
F-stata	453.92		
R^2	0.9228		
观察值	338		

第四节 本章小结

本章以产业协同集聚影响经济增长的作用机理研究为基础，以空间计量模型和面板门槛回归模型为研究手段，分别研究了产业协同集聚对长三角城市群经济增长的空间效应和非线性影响效应。

从空间效应来看，制造业与生产性服务业协同集聚对长三角城市群经济增长的直接效应显著为负，说明各城市制造业与生产性服务业协同集聚对自身经济增长产生了抑制作用；间接效应为负，说明相邻城市制造业与生产性服务业协同集聚会导致本城市包括劳动力在内的生产要素外流，从而抑制城市经济增长，但是这种抑制作用尚不明显。

通过产业协同集聚对长三角城市群经济增长的门槛效应分析，发现在城市规模、对外开放以及就业密度的约束下，制造业与生产性服务业协同集聚对经济增长的影响确实存在非线性关系。

第五章 产业协同集聚的产业结构升级效应

随着我国经济由两位数的高速增长进入中高速增长,"三期叠加"成为我国新常态发展阶段的重要特征。在经济发展新阶段,促进产业结构优化升级是解决制约我国经济发展结构性矛盾的关键所在。改革开放 40 多年以来,随着经济的快速发展,我国产业结构已经得到了极大的调整与优化,但无论是与发达国家还是与自身相比,产业结构调整依然是我国经济发展过程中必须面临的巨大挑战,区域之间产业结构调整不平衡、产业粗放型发展,第三产业发展迅速但与发达国家的差距仍然巨大。伴随着人们对服务经济发展趋势的认知,服务业内部占比达 60% 的生产性服务业快速发展且其集聚程度不断提升,加之以互联网为基础的信息技术高速发展,制造业与生产性服务业协同发展与集聚已成为经济发展的不争事实,国家政府部门也将其作为推动产业结构升级的重要措施。

长三角地区作为国民经济强大的动力引擎,自改革开放以来一直引领中国经济的发展。长三角地区产业结构的优化升级不仅关系着本地区经济的稳定快速发展,还影响着中国产业结构调整的方向。多年来,长三角城市群产业结构不断调整升级,第三产业所占比重不断提升,特别是生产性服务业发展迅速,2016 年长三角城市群三次产业结构调整为 3.5∶42.9∶53.6,第三产业增加值达到 7.89 万亿元,占全国比重为 20.5%,产业结构逐步趋于合理和优化。但

第五章
产业协同集聚的产业结构升级效应

是,随着产品、技术市场趋于饱和,劳动力成本趋于上升,长三角地区产业发展必然面临产品自主创新技术不足、国际竞争加剧和低成本比较优势的丧失等压力及挑战,由此进入转型阶段。从全球价值链的角度来看,长三角地区在嵌入初期主要依靠低端要素的禀赋优势来参与高技术产业国际产品内分工,结果被长期"锁定"在组装加工等低端环节,形成极为显著的"依附经济",企业更多充当的是国际代工者的角色,出现了代工等于"微利化"的"发展困境"。由此,导致了制造业与本土生产性服务业的分离,从而不利于产业结构高级化。因此,为了解决这些困境,长三角地区必须要通过促进制造业与生产性服务业的协同发展,有效促进两大产业之间的互动与融合,从而推动产业结构优化升级。

然而,制造业与生产性服务业在多大程度上以及对城市产业结构升级产生何种影响?这种影响是否存在约束机制?是否存在空间溢出效应?本章正是利用城市面板数据的经验观察,通过深入探究制造业与生产性服务业协同集聚的产业结构升级效应,明确制造业与生产性服务业协同集聚对产业结构升级的空间效应与约束机制,找准制造业与生产性服务业促进产业升级的着力点,这对长三角城市群选择合理的产业结构和功能定位,推动产业间的有效集聚和城市产业升级具有重要的理论和现实意义。

第一节 产业协同集聚影响产业结构升级的作用机理

一 基于产业关联效应

生产性服务业从制造业中分离出来是社会分工深化的结果,生产性服务业具有知识密集性和规模报酬递增的特征,其作为重要的中间投入,降低了制造业的交易成本,从而推动了制造业的发展。制造业与生产性服务业的协同发展与集聚强化了二者之间的投入产出联系，市场竞争机制得以充分发挥，并且在彼此紧密的协作关系以及互补的要素匹配作用下，打破要素市场分割的藩篱、纠正要素价格的扭曲，从而实现循环因果效应。根据斯密"市场容量决定社会分工"的基本理论，当对某一产品或服务的需求随着市场容量扩大增长到一定程度时，会引起新的专业化生产者的出现。当制造业对生产性服务业产生大规模的市场需求，服务业生产规模（种类和数量）将随之不断扩大。而市场容量的进一步扩大，提高了生产性服务业专业化水平，规模经济效应不断强化，生产性服务业结构得以优化升级、服务业效率得以提高。生产性服务业专业化水平的提高以及人力资本的集聚进一步促进了制造业的升级。因此，制造业与生产性服务的协同发展将有利于扩大市场需求，进一步提高服务的专业化分工，从而获得规模经济效应，促进制造业部门效率的提升。

同时，从投入产出关联的角度来看，制造业与生产性服务业协同发展与集聚，有利于深化产业之间横向与纵向的协作关系，充分发挥处于产业链不同阶段各个企业的比较优势，从而实现产业协同发展与集聚的规模经济效应。随着社会分工和专业化程度的提高，制造业部门之间需要交换的产品数量及种类不断增大，由此导致各类交易成本上升，而制造业与生产性服务业的协同集聚有利于制造业更加便捷地获取多样化的中间服务品，降低交易成本。同时，促进制造业将优势资源集中于比较优势环节，优化要素配置结构、提高要素配置效率、有效降低企业的生产运营成本，从而提高整个产业部门之间的协同效率，促进产业升级。

二 基于价值链

根据波特的价值链理论，制造业价值链包括上游、中游、下游三个部分，上游包括研发与设计等，中游是制造生产过程，下游包括销售及服务等，这三个环节在制造业价值创造过程中相互联系。在制造业与生产性服务业协同演进的初期阶段，生产性服务业作为"经济润滑剂"为制造企业间的交易活动提供服务，这一阶段围绕生产过程的生产性服务内部化于企业内部价值链中。随着生产力发展和技术进步，社会分工的深化及消费需求的多样化促使企业必须采用更加灵活的柔性专业化生产模式，这种生产模式的特征就是价值链各生产工序的垂直分离，从而推动了生产性服务业从制造业价值链中剥离出来，并重新嵌入制造业生产过程，制造业从需求和供给两个方面推动生产性服务业发展。随着社会分工的进一步深化，生产链条日益完善，制造业企业的服务环节逐渐剥离，其将优质资源和更多的精力专注于核心环节，专业化和精细化程度提高，企业综合实力不断提升。生产性服务业的产业链条随着分工的深化逐渐延长和完善，专业化水平和服务深度增强促进了生产性服务效率的提高，为制造业提供更专业、更优质的服务，提高制造业的生产效率，规模效应和学习效应凸显。制造业作为生产性服务发展的重要基础和动力，制造业技术革新和进步带来的高需求，推动了生产性服务业的高级化，也促使生产性服务业追求技术进步、提升生产效率。

在生产性服务分工深化阶段，经济全球化和生产组织方式的转变使服务在价值增值中的作用显著，服务要素投入成为提高制造业企业竞争力的关键要素。生产性服务业的价值链日趋完善，服务能力和创新能力增强，服务更具有专业化和高效性，其中最具增值价值的高知识性、技术性服务完全嵌入制造业价值链的各个环节，与制造业价值链动态匹配从而实现了价值链重构。生产性服务业所具有的专业化生产使制造业的产品更具差异化，并将知识、技术等要素注入制造业价值链，降低企业生产成本，提高利润水平和全要素生产率，从而推动制造业进一步发展。而生产性服务业也在市场需求和高素质人才集聚的作用下不断提升产业创新能力，从而获得产业链中附加值较高部分的价值，在生产迂回反复的过程中，提升产业结构。

三 基于创新效应

首先，以 Jacobs 集聚外部性理论为基础进行分析。Jacobs

(1969)认为,不同产业之间的知识溢出效应是推动产业创新的重要因素,产业之间存在的差异化和互补性为新知识、新技术、新思想的传播与交流提供了条件,从而利于产业创新,同时集聚程度越高,其所产生的外部经济效应越强。由于知识具有非排他性和非竞争性的特征,因此新知识产生后便会通过各种形式和途径迅速扩散到其他企业,产生知识溢出效应,从而促进企业的生产活动,提高全社会的产出水平。根据社会网络理论,不同产业之间的集聚形成了联系紧密的社会生产网络,产业链上不同环节的经济个体构成了生产网络的各个节点,知识流动是各个节点之间联系紧密、相互作用的主要联系方式。产业集群中企业的创新能力与生产网络中各节点的数量及联系紧密程度直接相关,即创新是一个相互作用的社会化过程。知识溢出与信息的交易成本是除企业之间的距离、劳动力素质高低之外影响集聚企业创新的关键因素,而制造业与生产性服务业的协同集聚能够为知识溢出提供良好的环境,从而有效提高企业创新水平。

其次,以熊彼特的创新理论为基础,从企业自主性创新的视角进行研究。制造业与生产性服务业协同集聚可以有效促进企业之间更加紧密的合作,从而吸引优质创新要素流入,帮助企业实现自主创新。企业竞争能够为企业带来创新激励,促使企业增加创新投入,促进企业实现自主创新。但是,创新活动本身所具有的高投入、高风险,将促使集聚区内企业加强研发方面的合作,降低创新的成本和风险,吸纳优质生产要素的流入,加速制造业与生产性服务业企业之间的信息流动,从而提高企业自主创新的能力。

综上所述,制造业与生产性服务业协同集聚将通过知识溢出和企业合作的途径激励企业实现自主创新、促进企业创新水平的提高。而现代产业经济学理论表明,产业升级的本质就是通过技术创新提高产品的附加价值。根据上述分析可知,制造业与生产性服务业协同集聚可以有效促进创新水平的提高,而创新水平的提高又是促进产业升级的关键因素,因此制造业与生产性服务业协同集聚有利于促进产业升级。

四 基于产业共生效应

"共生"一词源自生物学，描述的是两个或多个物种经过长期演化形成的互惠互利的关系。引入经济学之后的"共生"则反映的是经济主体间存续性的物质联系，表现为在一定的社会环境条件下，不同的共生单元通过特定的共生模式形成的紧密关系[①]。产业共生也是一种具有客观属性的经济现象，产业链的连续性和价值增殖性是产业共生形成的内因和外因[②]。在产业分工不断细化的前提下，生产性服务业与制造业之间由于产业链、技术链等联结关系呈现出融合、互动和协调的共生状态。由于产业间共生效应依赖于构成产业子系统的生产要素，因此生产性服务业与制造业在价值增值的过程中对技术、劳动力等生产要素的创新提出更高要求。生产性服务业作为制造业重要的中间投入部分，二者形成互补型链接关系，通过促进高科技含量生产要素的融合，从而推动产业结构的不断升级。

在共生系统中，虽然制造业与生产性服务业的职能分工各异，但是二者具有共同的利益导向，当扩大对外开放、增强科技创新、扩大产业规模等增强制造业与生产性服务业的互动，也促使生产组织结构发生变化。同时，生产性服务业能够向制造业提供更具专业优势和规模优势的服务，从而提高自身和制造业的生产效率，实现产业价值创造和价值增值。因此，专业化分工的深化促使产业竞争向产业协同竞争趋势演化，提升制造业与生产性服务业的协调能力和效率，促进产业发展模式的改变。综上，制造业与生产性服务业通过生产要素、组织结构及发展模式实现了产业的共生发展，推动产业结构优化升级。

---

① 袁纯清：《共生理论及其对小型经济的应用研究》，《改革》1998年第2期。
② 胡晓鹏：《产业共生：理论界及其内生机理》，《中国工业经济》2008年第9期。

第二节　产业协同集聚影响产业结构升级的空间溢出效应

本章依然将空间因素纳入研究的范畴，从既有研究文献来看，产业集聚作用于产业结构升级时确实存在空间效应：宣烨（2012）发现城市服务业集聚对制造业效率存在显著促进作用和空间溢出效应。盛丰（2014）基于城市数据，发现生产性服务业集聚对本地区制造业升级和周边区域制造业升级均存在显著的促进作用。刘沛和黎齐（2014）以广东省为例，发现金融集聚对产业结构具有显著的空间溢出效应，且第三产业的空间外溢效应大于第二产业的空间外溢效应。余泳泽等（2016）发现城市生产性服务业空间集聚对制造业生产效率提升的空间外溢效应显著。陶长琪和彭永樟（2017）研究发现经济集聚是促进创新对产业高级化空间效应的必要条件。于斌斌（2017）基于城市统计数据，研究发现金融集聚对东部、中部地区产业结构升级存在显著的空间溢出效应和促进效应；对特大城市和大城市的产业结构升级存在显著的空间溢出效应和促进效应。从既有研究文献来看，鲜有关于制造业与生产性服务业协同集聚对产业升级空间外溢效应的研究。因此，本章拟通过构建空间计量模型进行实证分析。本小节的研究思路为：构建空间计量模型，测算莫兰指数，分析长三角城市群产业结构升级的空间相关性（因在前文中已测算过长三角城市群制造业与生产性服务业协同集聚的空间相关性，故此小节不再赘述）；估计制造业与生产性服务业协同集聚对产业结构升级的空间效应，并对实证结果进行讨论分析。

一　模型设定与变量选取

（一）模型设定

常用的空间面板模型包括空间滞后模型（SAR）、空间误差模型（SEM）、空间杜宾模型（SDM）。空间滞后模型（SAR）引入了被解释变量的空间滞后项，主要分析被解释变量及其与周边单元变量之间是否存在空间依赖性。空间误差模型（SEM）通过引入误差项来分析不可观测及遗漏变量是否存在空间溢出效应。空间杜宾模型（SDM）同时考虑了因变量和不可观测及遗漏变量是否存在空间溢出作用。因此，本书构建的空间滞后模型（SAR）、空间误差模型（SEM）、空间杜宾模型（SDM）如下：

$$\ln indus_{it} = \rho W \ln indus_{jt} + \alpha l_n + \beta_1 \ln co_{it} + \beta_2 \ln pk_{it} + \beta_3 \ln hum_{it} + \\ \beta_4 \ln fdi_{it} + \beta_5 \ln gov_{it} + \beta_6 \ln rd_{it} + \beta_7 \ln inf_{it} + \varepsilon_{it} \quad (5-1)$$

$$\ln indus_{it} = \alpha l_n + \beta_1 \ln co_{it} + \beta_2 \ln pk_{it} + \beta_3 \ln hum_{it} + \beta_4 \ln fdi_{it} + \\ \beta_5 \ln gov_{it} + \beta_6 \ln rd_{it} + \beta_7 \ln inf_{it} + \lambda W u_{jt} + \varepsilon_{jt} \quad (5-2)$$

$$\ln indus_{it} = \rho W \ln indus_{jt} + \alpha l_n + \beta_1 \ln co_{it} + \beta_2 \ln pk_{it} + \beta_3 \ln hum_{it} + \\ \beta_4 \ln fdi_{it} + \beta_5 \ln gov_{it} + \beta_6 \ln rd_{it} + \beta_7 \ln inf_{it} + \theta_1 W \ln co_{it} + \\ \theta_2 W \ln pk_{it} + \theta_3 W \ln hum_{it} + \theta_4 W \ln fdi_{it} + \theta_5 W \ln gov_{it} + \\ \theta_6 W \ln rd_{it} + \theta_7 W \ln fin_{it} + \varepsilon_{it} \quad (5-3)$$

式中，$W\ln indus_{jt}$ 称为被解释变量间的内生交互效应，Wu_{jt} 称为不同空间单元存在的干扰效应。ρ 为空间自回归系数，能够反映出相邻城市产业协同集聚对产业升级产生的影响力。λ 为空间自相关系数，W 为空间权重矩阵，αl_n 为空间单位向量。为了消除异方差，对所有变量进行了取对数处理，记为 ln。

（二）变量选择

本章分析以长三角城市群 26 个地级城市 2004—2016 年的产业结构升级（indus）作为被解释变量，以长三角城市群在这一时期内制造业与生产性服务业协同度（co）作为解释变量，同时考虑到产业结构升级受多个因素的影响，因此，在借鉴已有文献的基础上，加入了多个控制变量。

被解释变量：产业结构升级（indus）。产业结构升级是产业结构不断从低级形态向高级形态演化的过程。国内外学术界提出了多种方法测度产业升级水平，如霍夫曼比例，钱纳里标准结构方法，More 值测定法，综合指标体系评价法，产业生产效率加权平均法，第二、第三产业产值占GDP比重等。目前，城市产业升级面临的是"经济服务化"的现实，第三产业的增长率要快于第二产业的增长率（吴敬琏，2008）。因此，本书借鉴于泽和徐沛东（2014）、柯善咨和赵曜（2014）的思路，采用城市生产性服务业和制造业的相对就业规模来测算产业结构升级。

核心解释变量：产业协同集聚度（co）。本书依然沿用第三章计算出来的制造业与生产性服务业的协同集聚度来衡量产业协同集聚水平。

控制变量：

（1）人均资本存量（pk）。加大固定资本投资、促进资本深化能够显著促进区域产业结构转型。但是，也有观点认为高投资发展模式抑制了产业结构合理化、导致了产能过剩等问题。因此，本书沿用第四章永续盘存法计算出来的人均资本存量检验投资对产业结构升级的影响。

（2）人力资本（hum）。产业结构升级的核心动力是人力资本。人力资本的积累有利于促进技术创新，提高要素的生产效率。高水平的人力资本可以通过扩大技术选择的范围，增加技术溢出的可能性，推动技术进步，从而促使产业升级。人力资本对产业升级的重要推动作用已经得到了学者的证实（Ciccone and Papaioannou，2009；靳卫东，2010；付才辉，2014；张勇，2015；孙海波等，2017）。因此本书借鉴已有文献的思路，采用每万人高校在校大学生数量作为人力资本的代理变量。

（3）外商投资（fdi）：Borensztein等（1998）在构建的包含FDI内生增长模型中分析得出，FDI产生的技术外溢效应对东道国的经济增长产生了促进作用。黄日福（2007）、钟晓君（2015）、张翠菊等（2015）认为外商投资通过资本供给效应、知识外溢效应、收入需求效应对产业结构升级具有显著促进作用。但是，贾妮莎和韩永辉（2017）通过实证得出FDI的产业结构促进弹性呈倒"U"形。冯伟和李嘉佳（2018）实证得出外商投资对中国制造业价值链升级产生了负向影响。鉴于此，本书也将外商投资引入模型进行验证。借鉴已有文献的思路，以各城市当年实际使用外资额占GDP的比重来衡量。实际使用外资利用各年度美元与人民币的平均汇率进行折算。

（4）城市政府规模（gov）。由于市场机制的不完善以及市场失灵的存在，产业升级过程中面临着信息不对称、外部性等问题，由此导致了产业结构升级缓慢、产业配置低下等一系列问题。地方财政支出通过支持公共基础设施建设、支持教育发展、扶植高新技术产业、设立创新投资基金等途径，在一定程度上能够起到弥补市场失灵的作用，引导信贷资金在产业间流动，提高资源配置效率，从而有效促进产业升级。因此，本书借鉴已有文献的思路，采用城市一般政府财政预算内支出占GDP的比重表示政府对经济干预的规模和程度。

（5）创新研发投入（rd）。技术创新是产业升级的重要驱动力，创新研发投入则是影响技术创新的重要因素。创新研发投入的主体包括政府财政科技投入、企业研发投入、高等院校和科研院所的科技投入以及金融机构的科技贷款等。俞立平（2015）基于省域面板数据研究发现政府科技投入对科技创新的贡献最大。因此，本书借鉴他的思想，采用地方财政科技支出占地方财政支出比重衡量创新研发投入。

（6）基础设施（inf）。交通运输状况是衡量城市基础设施水平的重要内容。城市交通体系的完善与通达，有利于降低产业间投入产出关联的成本，促进产业之间的经济技术往来，从而推动产业升级。因此，本书采用各城市人均道路面积来衡量城市基础设施。

实证分析中所涉及的所有变量均来源于2005—2017年的《中国城市统计年鉴》《上海统计年鉴》《江苏统计年鉴》《浙江统计年鉴》《安徽统计年鉴》及各地级市统计年鉴，缺失数据通过插值法补齐。

二 空间自相关性检验

（一）全局空间自相关检验

本章以地理距离权重为基础计算得出产业升级的 Moran's I 指数，进而分析长三角城市群产业升级的全局空间相关性，Moran's I 指数测算结果见表 5-1。2004—2016 年，长三角城市群产业升级的 Moran's I 分布在 0.1892—0.4629。2006—2011 年 Moran's I 通过了 1% 的显著性检验，2012—2015 年通过了 5% 的显著性检验，2016 年通过了 10% 的显著性检验，说明长三角城市群产业升级存在明显的空间正相关性，反映了显著的空间集聚和依赖性，具体特征表现为产业升级水平高的城市相邻，产业升级水平相对低的城市相邻。

表 5-1　　　　　长三角城市群产业升级的全局 Moran's I

年份	I	sd（I）	z	p-value
2004	0.2171	0.1320	1.9317	0.037
2005	0.2863	0.1326	2.4513	0.018
2006	0.3731	0.1222	3.3776	0.005
2007	0.4441	0.1244	3.7592	0.004
2008	0.4290	0.1289	3.8346	0.004
2009	0.4419	0.1271	3.7743	0.005
2010	0.4112	0.1304	3.4304	0.004
2011	0.4629	0.1286	3.8817	0.004
2012	0.2990	0.1155	2.9652	0.014
2013	0.2555	0.1422	2.0601	0.032
2014	0.2525	0.1404	2.0756	0.027
2015	0.2230	0.1389	1.8826	0.037
2016	0.1892	0.1392	1.6350	0.061

从时空变化趋势来看，产业升级空间相关性呈现出先递增再递减的倒"U"形特征。2011 年达到最大值 0.4629，通过 1% 的显著性检验。之后，Moran's I 开始递减，到 2016 年 Moran's I 下降为

0.1892，通过1%的显著性检验。

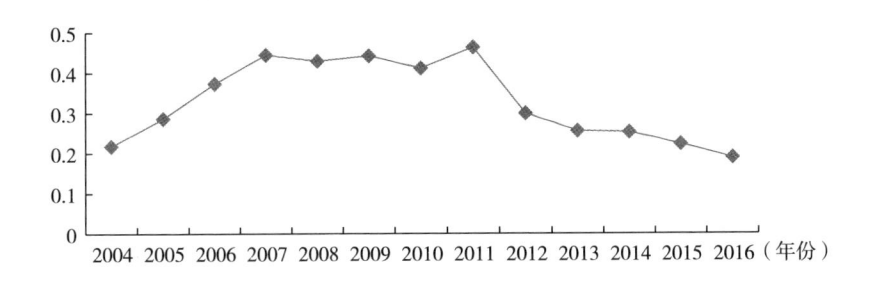

图 5-1　2004—2016 年长三角城市群产业升级 Moran's I 的趋势图

（二）局部空间相关性分析

由于全局 Moran's I 指数无法反映出长三角城市群产业升级的局部空间自相关性特征以及局部空间集聚的趋势特征，因此本章通过绘制莫兰（Moran）散点图，进一步探究长三角城市群产业升级的局部空间特征。限于篇幅的限制，本章仅仅选取 2004 年、2007 年、2011 年和 2016 年产业升级莫兰散点图进行分析，如图 5-2 所示。

图 5-2 显示四个年份长三角城市群产业升级的 Moran's I 散点图，反映出随着时间的推移长三角城市群产业升级的空间格局及其动态演变趋势，进一步描述了长三角城市群产业升级的空间自相关性特征和异质性。大部分城市位于第一象限（高高类型）和第三象限（低低类型），两者都表现出正向空间相关性，形成了产业升级的高值集聚区和低值集聚区，位于第一象限高高类型的城市数量不断增加；少数城市位于第二象限（低高类型）和第四象限（高低类型），这些城市偏离了全局空间正相关性的特征，表现为局部负相关性。同时，随着时间的推移，各象限的散点分布呈现出由相对集中向外扩散的趋势，说明城市群内部产业升级水平的空间差异进一步扩大，两极分化的趋势加剧。因此，从整体来看，长三角城市群产业升级存在正向空间相关性及空间集聚性。

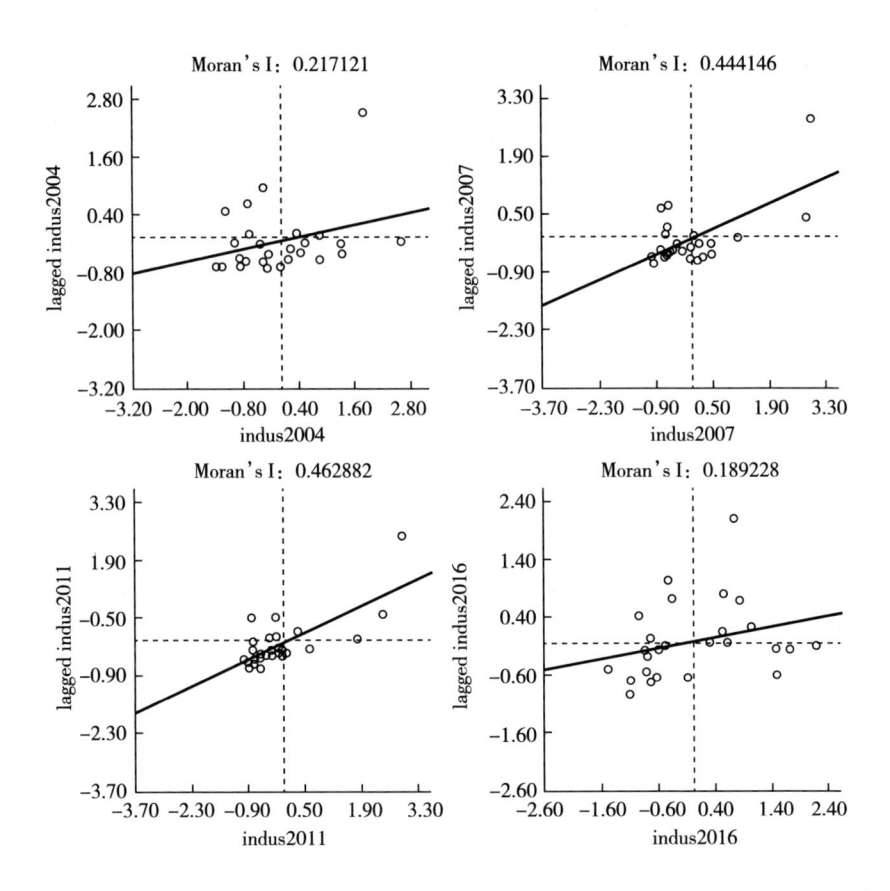

图 5-2 主要年份长三角城市群产业升级的局部 Moran's I

三 空间效应分析

（一）空间计量模型的估计与分析

根据前述空间自相关分析可知，长三角城市群 26 个地级城市制造业与生产性服务业集聚及产业升级均存在空间相关性，因此可以通过构建与估计空间计量模型，来探讨长三角城市群的制造业与生产性服务业协同集聚的产业升级效应。

本章首先采用一般面板回归模型对长三角城市群制造业与生产性服务业协同集聚的产业升级效应进行普通最小二乘估计。通过对模型残差序列进行空间自相关检验，从而判断进行空间计量估计的必要性。在此基础上，通过 LM 检验及其稳健性检验（Robust LM）

选择适用的空间计量模型。由估计结果表 5-2 可以看出，Moran's I 为 14.199，通过 1% 水平的显著性检验，说明残差序列存在显著的空间自相关性，即对长三城市群制造业与生产性服务业协同集聚的产业升级效应进行分析时应当考虑空间因素。LM error 和 Robust LM error 统计值分别为 182.226 和 29.047，均通过了 1% 的显著性检验；LM lag 和 Robust LM lag 统计值分别为 170.887 和 17.708，均通过了 1% 的显著性检验，说明空间误差和空间滞后的显著性明显，因此本书选择 SAR、SEM、SDM 模型进行分析。

表 5-2　　　　　　　空间计量模型检验及识别结果

	检验方法	统计量	伴随概率
空间依赖性检验	Moran's I	14.199***	0.000
	LM test no spatial error	182.226***	0.000
	Robust LM test no spatial error	29.047***	0.000
	LM test no spatial lag	170.887***	0.000
	Robust LM test no spatial lag	17.708***	0.000

通过对空间计量模型进行 Hausman 检验（chi2 = 44.74***），以及对时间、空间和双向固定三种模型 R^2 的比较，确定本书选用时间固定效应的空间滞后模型（SAR）、空间误差模型（SEM）和空间杜宾模型（SDM）。为了比较一般面板模型和空间计量模型对长三角 26 个地级市制造业与生产性服务业协同集聚产业升级效应估计的差异性，本书将 OLS 和 SAR、SEM、SDM 三种模型进行了对比分析。由表 5-3 可以看出，空间杜宾模型（SDM）的 Log-likelihood 为 -111.59，拟合值为 0.8247，均高于 OLS 模型、SEM 模型和 SAR 模型估计的结果，说明拟合效果较为理想，如果不考虑城市之间的空间因素则会降低估计结果的有效性。

表 5-3　　　　　　　　　　空间计量结果

变量	OLS 系数	t值	SAR 系数	z值	SEM 系数	z值	SDM 系数	z值
lnco	1.0255*** (0.0874)	11.73	0.8302*** (0.0863)	9.62	0.8479*** (0.0945)	8.97	0.8640*** (0.0808)	10.70
lnpk	-0.2980*** (0.0439)	-6.79	-0.5918*** (0.0578)	-10.3	-0.5176*** (0.0536)	-9.65	-0.5202*** (0.0655)	-7.94
lnhum	0.0930*** (0.0306)	3.04	0.2109*** (0.0345)	6.11	0.1509*** (0.0304)	4.97	0.2249*** (0.0420)	5.35
lnfdi	-0.1667*** (0.0267)	-6.24	-0.1098*** (0.0266)	-4.14	-0.0987*** (0.0264)	-3.74	-0.1097*** (0.0284)	-3.86
lngov	0.1137*** (0.0307)	3.70	0.1149*** (0.0357)	3.22	0.0530* (0.0312)	1.70	0.0985** (0.0456)	2.16
lnrd	0.0345 (0.0286)	1.21	0.0033 (0.0302)	0.11	0.0076 (0.0346)	0.22	-0.1053*** (0.0315)	-3.35
lninf	-0.1975*** (0.0565)	-3.50	-0.2911*** (0.0535)	-5.45	-0.2725*** (0.0554)	-4.92	-0.2435*** (0.0512)	-4.76
Wlnco							-0.5991*** (0.1667)	-3.59
Wlnpk							-0.1817 (0.1154)	-1.57
Wlnhum							0.2259*** (0.0675)	3.35
Wlnfdi							0.0203 (0.0497)	0.41
Wlngov							0.1235** (0.0602)	2.05
Wlnrd							0.3236*** (0.0491)	6.59
Wlninf							-0.4915*** (0.1449)	-3.39

续表

变量	OLS 系数	OLS t值	SAR 系数	SAR z值	SEM 系数	SEM z值	SDM 系数	SDM z值
Spatial rho			-0.2599*** (0.0698)	-3.73			-0.2705*** (0.0879)	-3.08
Spatial lambda					0.0869*** (0.2410)	0.36		
Variance sigma2_e			0.1356*** (0.0105)	12.90	0.1418*** (0.0109)	12.96	0.1122*** (0.0088)	12.79
R²	0.5712		0.7558		0.7334		0.8247	
Log-likelihood			-144.17		-150.09		-111.59	

注：***、**、*分别表示1%、5%、10%的显著性水平，括号内的数字为标准误差值。

从估计结果表5-3可知，空间溢出效应系数为-0.2705，通过了1%水平的显著性检验，说明长三角城市群产业升级存在显著的负向溢出效应，即某一城市的产业优化升级在一定程度上对周边城市的产业优化升级产生了抑制作用，产业升级存在空间非均衡性。从核心解释变量产业协同集聚（lnco）的回归系数来看，在四个模型中lnco的影响系数始终显著为正，说明从长三角洲地区整体来看，制造业与生产性服务业协同集聚有利于促进产业优化升级。

（二）空间效应分析

在前文中已经指出，应使用解释变量的间接效应反映空间溢出效应是否存在。这一部分以空间杜宾模型（SDM）为基础，通过偏微分的方法，来计算得出直接效应和间接效应的系数，计算公式如下：

$$Y = (I-\rho W)^{-1}(X\beta + WX\theta) + (I-\rho W)^{-1}\alpha l_n + (I-\rho W)^{-1}u$$

(5-4)

式中，被解释变量 Y 关于第 k 个解释变量 x 的偏导数矩阵为：

◇ 产业协同集聚的经济效应研究

$$\left[\frac{\partial E(Y)}{\partial x_{1k}} \cdot \frac{\partial E(Y)}{\partial x_{Nk}}\right] = \begin{bmatrix} \frac{\partial E(y_1)}{\partial x_{1k}} \cdot & \frac{\partial E(y_1)}{\partial x_{Nk}} \\ \cdot & \cdot \\ \frac{\partial E(y_N)}{\partial x_{1k}} \cdot & \frac{\partial E(y_N)}{\partial x_{Nk}} \end{bmatrix}$$

$$= (1 - \rho W)^{-1} \begin{bmatrix} \beta_k & w_{12}\theta_k \cdot & w_{1N}\theta_k \\ w_{21}\theta_k & \beta_k \cdot & w_{2N}\theta_k \\ w_{N1}\theta_k & w_{N2}\theta_k \cdot & \beta_k \end{bmatrix}$$

(5-5)

式中，w_{ij} 为权重矩阵 W 的构成元素。该偏导矩阵中每一个对角线元素即代表的是空间单元解释变量的改变对本地区被解释变量的直接效应，每一个非对角线元素则代表的是空间单元解释变量的改变对其他空间单元产生的间接效应。由于每一个空间单元的直接效应和间接效应是不同的，因此将上式中对角线元素的平均值作为解释变量的直接效应，而将非对角线元素的平均值作为间接效应，矩阵中的行平均值即为总效应。

在固定效应 SDM 模型估计的基础上，利用偏微分的方法对制造业与生产性服务业协同集聚度以及各控制变量对于产业结构升级的影响进行了空间分解，如表 5-4 所示。总效应表示生产性服务业与制造业协同集聚以及各控制变量对产业结构升级产生的总影响，直接效应表示各城市生产性服务业与制造业协同集聚以及各控制变量对本城市产业结构升级的影响，间接效应表示邻近城市制造业与生产性服务业协同集聚度以及各控制变量对本城市产业结构升级的影响。

表 5-4　　　　　　　　解释变量空间溢出效应分解结果

变量	总效应	直接效应	间接效应
lnco	0.206	0.915***	-0.709***
	(0.136)	(0.0860)	(0.138)

续表

变量	总效应	直接效应	间接效应
lnpk	-0.551***	-0.521***	-0.0301
	(0.0732)	(0.0707)	(0.0973)
lnhum	0.355***	0.215***	0.141**
	(0.0563)	(0.0444)	(0.0581)
lnfdi	-0.0716*	-0.112***	0.0404
	(0.0368)	(0.0307)	(0.0436)
lngov	0.177***	0.0927*	0.0846
	(0.0416)	(0.0478)	(0.0557)
lnrd	0.173***	-0.126***	0.299***
	(0.0346)	(0.0348)	(0.0452)
lninf	-0.580***	-0.216***	-0.364***
	(0.112)	(0.0553)	(0.123)

注：***、**、*分别表示1%、5%、10%的显著性水平，括号内的数字为标准误差值。

生产性服务业与制造业协同集聚对长三角城市群产业结构升级的直接效应和间接效应均为显著，其中直接效应为正，间接效应为负。直接效应为正且显著，说明各城市自身的制造业与生产性服务业协同集聚是促进其自身产业结构升级的重要手段，随着生产性服务业与制造业协同集聚水平的提高，尤其是制造业与生产性服务业分工协作的深化，形成了产业结构升级的内在动力。间接效应显著为负，说明城市间产业协同集聚存在竞争性，邻近城市制造业与生产性服务业协同集聚会导致本城市包括劳动力在内的要素外流，从而抑制城市产业优化升级。制造业与生产性服务业协同集聚的非均衡性，导致城市间产业优化升级存在差异性同时产生空间集聚，由此导致长三角地区城市间产业升级水平存在空间差异性。

资本存量对长三角城市群产业结构升级的直接效应和间接效

应都为负，但是间接效应不显著。直接效应显著为负，说明资本存量对产业结构升级有负向抑制作用，资本存量的增加反而不利于产业优化升级，这与预期以及一般经济规律不符。这主要是因为，长期以来我国要素市场改革滞后于产品市场改革，要素市场化程度偏低导致要素价格扭曲，降低了要素配置效率。而长期高强度的投资成为粗放式经济增长的主要驱动力。因此，要素市场扭曲导致资本错配，资本并不能推动产业转型升级。间接效应不显著，说明长三角地区城市之间资本存量对产业结构升级的抑制作用尚不明显。

人力资本对长三角各城市产业结构升级的直接效应和间接效应均显著且都为正。直接效应显著为正，说明人力资本对长三角地区产业结构升级具有正向推动作用，伴随着人力资本水平的不断提高，其"累积效应"得以有效发挥，人均产出效率不断提高，城市创新驱动力不断增强，从而推动产业结构升级。间接效应显著为正，说明由于人力资本等生产要素在地区间及产业间的自由流动，有效发挥了人力资本的"溢出效应"，提高了资源配置效率，促进了城市之间产业结构升级。

外商投资对长三角城市群产业结构升级的直接效应显著为负，说明随着长三角城市群产业价值链的不断延伸，外商投资对产业结构升级的影响由正向促进作用转向负向抑制作用，这与外商采取的技术垄断和封锁等手段来抑制中国产业发展有关系。间接效应为正但不显著，说明外商投资对周边邻近城市产业结构升级的溢出效应尚不明显。

政府规模对长三角城市群产业结构升级的直接效应显著为正，说明政府在弥补市场失灵、引导资金流向、提高资源配置效率、优化产业结构过程中发挥了积极的促进作用。间接效应为正说明各地方政府通过支持公共基础设施建设、推动教育发展等，为城市间产业结构升级创造了良好的外部环境，但是这种外部经济效应有限。

创新研发投入对长三角城市群产业结构升级的直接效应显著为

负,说明创新研发投入抑制了产业结构升级。其主要原因可能在于:创新要素的投入能够通过提高城市创新能力来促进城市产业优化升级,但创新要素过度集聚所带来的拥挤效应也会对产业优化升级产生抑制作用。随着创新投入集聚程度的不断提高,创新投入的边际报酬递减,其对产业优化升级的负向影响开始显现。间接效应显著为正,说明创新要素在城市间的流动对产业结构升级的促进作用超过了创新投入集聚所产生的拥挤效应。

基础设施对长三角地区产业结构升级的直接效应和间接效应均显著为负,说明人均城市道路面积的增长不利于促进城市产业优化升级,可能的原因是:城市在基础设施上的过度投资,会对制造业等产业部门投资规模产生较大的负面冲击,挤占了用于促进产业发展的资金;同时,长三角地区城市之间基础设施建设效率存在较大差异性,从而也对产业结构升级产生抑制作用。

第三节 产业协同集聚影响产业结构升级的门槛效应

根据前述分析,我们得出生产性服务业与制造业协同集聚对产业结构升级的影响存在显著的空间溢出效应。这一部分将继续探究生产性服务业与制造业协同集聚对产业结构升级的非线性影响效应。此项研究预设的基础为:其一,生产性服务业与制造业协同集聚对城市产业结构升级的作用过程存在各种影响因素和约束条件。生产性服务业与制造业协同集聚对产业结构升级的影响本身就是一个动态复杂的系统,在对产业结构升级进行影响传导时必然会受到诸多因素的制约,从而使制造业与生产性服务业协同集聚对产业结构升级的线性影响关系无法令人信服。其二,基于上述先验假设,对此问题的研究需要回到制造业集聚或生产性服务业集聚对产业结构升级影响是否具有非线性效应的逻辑起点。郑开焰和李辉文

(2015)以福建省为研究对象,分析发现金融集聚存在临界水平,当金融集聚超过一定水平后,不利于产业结构升级。慧宁和周晓唯(2016)发现生产性服务业集聚对中国产业升级的影响存在显著的区域差异性,东中部地区作用效果强于西部地区。陶爱萍和徐君超(2016)发现在不同的金融发展水平下,金融发展对产业结构升级的影响呈现出倒"U"形趋势。侯丁和郭彬(2017)以人力资本存量、R&D内部经费支出、产业集聚以及就业率作为门槛变量,发现金融发展与产业升级存在非线性关系,且存在双重门槛效应。罗军(2018)发现服务化发展对制造业 GVC 升级的影响存在显著的生产性服务业效率门槛效应和关税率门槛效应。林秀梅和曹张龙(2018)以省级数据为研究对象,发现由于生产性服务业集聚存在区域性差异,导致生产性服务业集聚对产业结构升级呈现出显著的非线性特征。既有文献研究主要集中于金融或生产性服务业集聚对产业升级的非线性影响,也有一些研究文献谈论了协同集聚促进产业升级的间接机制,如伍先福和杨永德(2016)认为产业协同集聚作为促进结构转型的重要手段,促进了城镇化水平的提升,但是存在显著地区差异性;唐晓华和张欣钰等(2018)发现生产性服务业与制造业协同集聚对制造业效率影响的门槛效应源自制造业产业规模、发展水平和创新能力的异质性;庄德林等(2017)基于省级数据研究了生产性服务业与制造业协同集聚对区域内和区域间的就业效应;原毅军和郭然(2018)发现生产性服务业集聚显著促进技术创新,制造业集聚与技术创新表现为倒"U"形关系。而鲜有直接讨论制造业与生产性服务业协同集聚对产业升级的影响,且协同集聚存在适当规模区间和非效率性,因此有必要揭示制造业与生产性服务业协同集聚对产业结构升级非线性影响效应。

本章在研究制造业与生产性服务业协同集聚对产业结构升级影响的约束条件时,依然采用"门槛回归"方法,此方法是对分组检验方法的扩展,可以避免传统分组检验中存在的确定分组标准具有的主观性问题,也可以避免交互检验存在的共线性问题。

第五章 产业协同集聚的产业结构升级效应

一 模型构建与变量选取

（一）模型构建

依据 Hansen（1999）创立的面板门槛回归分析方法，分别以制造业集聚度、生产性服务业集聚度、城市化水平、对外开放以及政府干预作为门槛变量，对长三角地区制造业与生产性服务业协同集聚对产业结构升级影响关系可能存在的非线性门槛特征进行验证。根据面板门槛回归的分析原理，本章设定门槛模型如下：

$$indus_{it} = \mu_i + \beta'_1 co_{it} \cdot I(q_{it} \leq \gamma) + \beta''_2 co_{it} \cdot I(q_{it} > \gamma) + \theta D_{it} + \varepsilon_{it}$$

$$(5-6)$$

（二）变量选取

被解释变量与核心解释变量仍然沿用第二节计算得出的产业结构升级（indus）和制造业与生产性服务业协同集聚度（co）。

门槛变量：分别为产业专业化集聚度（lqz 和 lqs）、城市化（ur）、对外开放（open）、政府干预（gov）。

（1）产业专业化集聚度（lqz 和 lqs）。由于生产性服务业和制造业的专业化区位熵指数是构成产业协同集聚指数的基础变量。因此，当产业专业化区位熵越高，产业协同集聚度也越高，将有利于促进产业结构升级；当产业专业化区位熵较低时，产业协同集聚度虽然提高，但由于二者的产业规模较小导致其外部性经济效应难以有效发挥，从而不利于产业结构升级。也就是说，产业协同集聚对产业结构升级的影响效应可能会因为地区间产业专业化区位熵水平的不同而存在异质性，伍福先（2017）通过实证研究发现产业专业化区位熵是协同集聚影响全要素生产率的重要约束条件。因此，本书选取产业专业化集聚度作为门槛变量，检验产业协同集聚对产业结构升级的门槛效应。制造业专业化区位熵与生产性服务业专业化区位熵沿用前一章计算所得结果。

（2）城市化（ur）。城市化的发展会直接影响产业协同集聚，城市化通过形成"技术池"从而产生技术溢出效应引起产业协同集聚的形成。当城市化水平较低时，产业协同集聚发展相对缓慢，基础设施不完善，要素配置效率低下，不利于产业结构升级；随着城市化水平的提高，各项基础设施不断完善、资本和劳动力等生产要素涌入城市，为产业集聚创造了有利的外部条件，从而有利于产业结构升级。Krugman（1993）指出，城市所拥有的丰富劳动力和专业型人才，会降低厂商的人才搜寻成本，加之其他资源的共享，从而促进产业在城市空间集聚。于斌斌和胡汉辉（2013）指出产业集聚与城市化在创新机制、选择机制、扩散机制方面具有共同演化的动力机制。但是如果城市化引起城市规模过度扩张，则会导致产生拥挤效应，降低要素在产业之间的配置效率，从而不利于产业结构升级。因此，本书选取城市化作为门槛变量，检验产业协同集聚对产业结构升级的门槛效应。城市化水平采用各城市城镇人口占常住总人口比重来衡量。

（3）对外开放（open）。对外开放一方面通过外商投资的资本供给效应、技术外溢效应等促进长三角地区制造业优先发展，并融入全球价值链，促进了产业结构升级；另一方面部分外资企业内化的生产性服务业使该地区制造业与生产性服务业并没有得到协调发展，从而不利于产业结构升级。因此，本书选择对外开放作为门槛变量，检验产业协同集聚对产业结构升级的门槛效应。采用各城市当年实际使用外资额占GDP的比重来衡量对外开放度。实际使用外资利用各年度美元与人民币的平均汇率进行折算。

（4）政府干预（gov）。我国产业集聚的形成和发展，不仅取决于传统经济学主张的自然资源禀赋与新经济地理学所强调的外部性等因素，政府政策及行为也是影响产业集聚形成的主要因素。地方政府制定产业发展战略、完善集聚区的公共基础设施，给予专项扶持资金、税收优惠制度、土地租金减免等优惠政策构成政策租；政府通过经济措施、直接管制手段，纠正负外部性效应；通过构建良好的市场秩序与环境，降低市场交易成本，促进产业集聚的形成与发展。但是，政府参与经济活动的行为，对产业集聚发展具有"双刃剑"的作用，如果地方政府干预过度或不当时，则易导致虚假产业集聚，引起资源浪费和资源错配，造成效率损失从而不利于产业升级。因此，本书将政府干预作为门槛变量，检验产业协同集聚对产业结构升级的门槛效应。采用城市一般政府财政预算内支出占GDP的比重表示政府干预，该数值越大表示政府对城市经济干预程度越强。

二 实证结果及分析

（一）以产业专业化集聚度为门槛变量

1. 制造业区位熵（lqz）

首先进行门槛效应检验，通过确定门槛个数来设定模型形式。以制造业区位熵为门槛变量分别进行了单一门槛、双重门槛和三重门槛的检验，得到了对应的 F 统计量和自抽样法得出的 P 值。由表 5-5 可知，制造业区位熵的单一门槛和双重门槛分别在 5% 和 10% 水平下显著，三重门槛未通过显著性检验，因此存在单一门槛和双重门槛。在门槛效应显著性检验的基础上，本章进行单一门槛值和双重门槛值的估计，及对其真实性进行检验。门槛估计值是似然比检验统计量 LR 为零时 γ 的取值，由表 5-6 可知，制造业区位熵的第一门槛估计值为 0.7267，第二门槛估计值为 0.8628。由似然比函数序列趋势图 5-3 可以看出，制造业区位熵第一门槛估计值和第二门槛估计值均处于置信区间范围内，且似然比统计量都小于临界值，说明模型通过了真实性检验，门槛估计值与实际门槛值相等。

表 5-5　　　　　　　　　门槛效果检验结果

模型	F 值	P 值	BS 次数	临界值 1%	临界值 5%	临界值 10%
单一门槛	627.09	0.000	300	55.9513	41.877	34.713
双重门槛	32.18	0.083	300	44.0551	36.229	30.75

◆产业协同集聚的经济效应研究

表 5-6 门槛估计值及置信区间

	门槛估计值	95%置信区间
单一门槛模型	0.8628	[0.8513, 0.8659]
双重门槛模型		
制造业区位熵 1	0.7267	[0.6900, 0.7332]
制造业区位熵 2	0.8628	[0.8513, 0.8659]

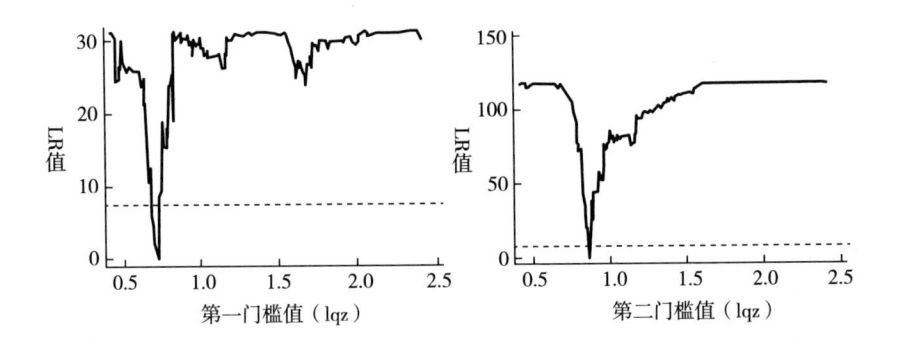

图 5-3 LR 似然图

表 5-7 是制造业区位熵为门槛变量的双重门槛模型参数估计结果。根据估计结果来看，当制造业区位熵低于 0.7267 时，产业协同集聚对产业结构升级的影响系数显著为负，说明制造业与生产性服务业协同集聚不利于产业升级。当制造业区位熵跨过第一个门槛值，位于第二区间时，产业协同集聚对产业结构升级的影响系数依然显著为负，但影响系数的绝对值下降为 0.2935；当制造业区位熵跨过第二个门槛值 0.8628 时，产业协同集聚对产业升级的影响系数变为正值，且通过了 5% 的显著性检验。通过上述检验可知，当以制造业区位熵作为门槛变量时，生产性服务业与制造业协同集聚对产业结构升级的影响存在显著的门槛效应，随着制造业区位熵的不断提高，产业协同集聚对产业结构升级由不利转为促进作用。目前，长三角城市群制造业区位熵指数年均值已经达到了 1.28，这意味着在制造业高度集聚的情况下，制造业与生产性服务业能更好地

发挥互动协同效应,从而促进产业结构升级。

表 5-7　　门槛回归结果

变量	估计系数	T 统计量	P 值
$q_{it} \leq 0.7267$	-1.0864	-13.85	0.000
$0.7267 < q_{it} \leq 0.8628$	-0.2935	-1.99	0.047
$q_{it} > 0.8628$	1.2682	18.94	0.000
F-stata	13.28***		
R^2	0.7581		
观察值	338		

2. 生产性服务业区位熵 (lqs)

以生产性服务业区位熵为门槛变量进行门槛效应的检验,得到对应的 F 统计量和自抽样法得出的 P 值。由表 5-8 可知,生产性服务业区位熵的单一门槛和双重门槛均在 5% 水平下显著,三重门槛未通过显著性检验。在门槛效应显著性检验的基础上,本书进行单门槛值和双重门槛值的估计,及对其真实性进行检验。

表 5-8　　门槛效果检验结果

模型	F 值	P 值	BS 次数	临界值 1%	临界值 5%	临界值 10%
单一门槛	816.20	0.000	300	38.0091	25.3527	20.0847
双重门槛	44.03	0.003	300	35.7873	28.7321	22.4302

由表 5-9 可知,生产性服务业区位熵的第一门槛估计值为 0.9369,第二门槛估计值为 1.0715。由似然比函数序列趋势图 5-4 可以看出,当生产性服务业区位熵的第一门槛估计值和第二门槛估计值均在置信区间范围内,似然比均小于 5% 显著性水平下的临界值,说明门槛估计值通过真实性检验,与实际门槛值相等。

◇ 产业协同集聚的经济效应研究

表 5-9 门槛估计值及置信区间

	门槛估计值	95%置信区间
单一门槛模型	1.0715	[1.0667, 1.0731]
双重门槛模型		
生产性服务业区位熵1	0.9369	[0.9356, 0.9376]
生产性服务业区位熵2	1.0715	[1.0667, 1.0731]

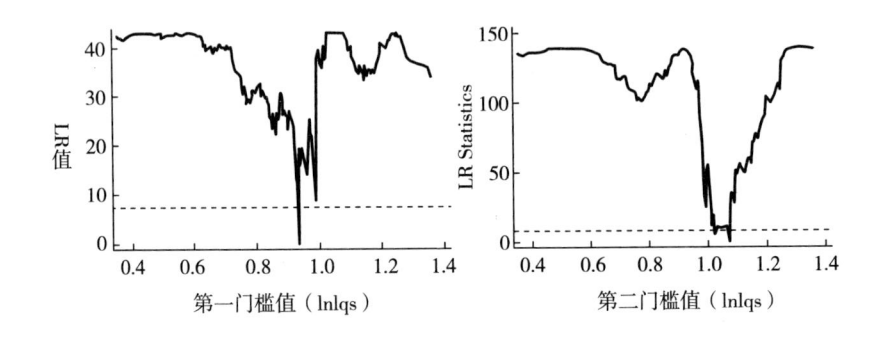

图 5-4 LR 似然图

表 5-10 是生产性服务业区位熵为门槛变量的双重门槛模型参数估计结果。根据估计结果来看，当生产性服务业区位熵低于 0.9369 时，制造业与生产性服务业协同集聚对产业升级的影响系数显著为负，这种结果和制造业区位熵指数作为门槛变量相似，说明生产性服务业集聚度处于较低水平时，制造业与生产性服务业协同集聚不利于促进产业结构升级。当生产性服务业区位熵跨过第一个门槛值，位于第二区间时，制造业与生产性服务业协同集聚对产业升级的影响系数显著为正；当生产性服务业区位熵跨过第二个门槛值 1.0715 时，制造业与生产性服务业协同集聚对产业结构升级的影响系数依然显著为正，且影响系数变为 1.332。通过上述检验可知，以生产性服务业区位熵作为门槛变量时，生产性服务业与制造业协同集聚对产业结构升级的影响存在显著的门槛效应，随着生产性服务业区位熵的不断提高，协同集聚对产业结构升级的影响作用由抑

制转为促进,说明生产性服务业集聚程度的提高对于产业协同集聚作用于产业结构升级具有一定的促进作用。其产生的主要原因在于:长三角城市群由于制造业集聚处于较高水平,极大地促进了对生产性服务业的中间需求,从而使两大产业协同集聚从整体上促进了产业结构升级,而且随着制造业集聚度达到一定水平后,生产性服务业在协同集聚中的重要性也日趋明显,处于该地区的主导地位。长三角城市群中的上海、南京、杭州等大城市产业协同发展印证了此思路。

表 5-10　　　　　　　　　　门槛回归结果

变量	估计系数	T统计量	P值
$q_{it} \leqslant 0.9369$	-1.4567	-16.74	0.000
$0.9369 < q_{it} \leqslant 1.0715$	0.4266	2.82	0.005
$q_{it} > 1.0715$	1.332	23.83	0.000
F-stata	6.27***		
R^2	0.8024		
观察值	338		

(二) 以城市化 (ur) 为门槛变量

以城市化为门槛变量分别进行了门槛效应的检验,得到了对应的F统计量和自抽样法得出的P值。由表 5-11 可知,城市化的单一门槛在5%水平下显著,双重门槛和三重门槛未通过显著性检验,因此存在单一门槛。在面板门槛效应通过显著性检验的基础上,进行单门槛值估计,及对其真实性进行检验。门槛估计值是似然比检验统计量LR为零时的取值,由表 5-12 可知,城市化的单一门槛估计值为 0.4624。由似然比函数序列趋势图 5-5 可以看出,当城市化的单一门槛估计值在置信区间范围内,似然比小于临界值,说明门槛估计值与实际门槛值相等,通过真实性检验。

表5-11　　　　　　　　门槛效果检验结果

模型	F值	P值	BS次数	临界值 1%	5%	10%
单一门槛	44.98	0.028	300	74.1314	41.5622	34.8561
双重门槛	21.71	0.167	300	49.1091	38.9288	29.3505

表5-12　　　　　　　　门槛估计值及置信区间

	门槛估计值	95%置信区间
单一门槛模型	0.4624	[0.461, 0.463]
双重门槛模型		
城市化1	0.4624	[0.461, 0.463]
城市化2	0.8023	[0.788, 0.805]

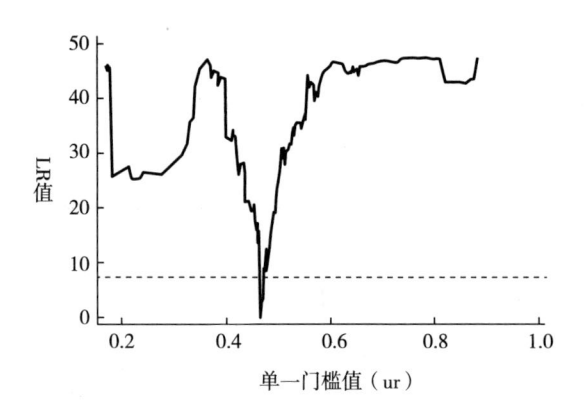

图5-5　LR似然图

表5-13是城市化为门槛变量的单一门槛模型参数估计结果。根据估计结果来看，当城市化水平低于0.4624时，制造业与生产性服务业协同集聚对产业结构升级的影响系数显著为负，说明城市化处于较低水平时，制造业与生产性服务业协同集聚不利于促进产业结构升级。当城市化水平跨过门槛值0.4624时，制造业与生产性服务业协同集聚对产业结构升级的影响系数转为正数，且通过1%水

平的显著性检验。通过上述检验可知，当以城市化作为门槛变量时，制造业与生产性服务业协同集聚对产业结构升级的影响确实存在显著的门槛效应，且随着城市化水平的不断提高，产业协同集聚对产业结构升级的影响由抑制转为促进。目前，长三角城市群整体城市化水平已经超过了50%的水平，城市化水平的提高表明长三角地区的基础设施、文化制度等方面得到了进一步的完善，因而使产业协同集聚对产业结构升级具有一定的促进作用。

表5-13　　　　　　　　　门槛回归结果

变量	估计系数	T统计量	P值
$q_{it} \leq 0.4624$	-0.2619	-1.72	0.087
$q_{it} > 0.4624$	0.3153	3.22	0.001
F-stata	29.70***		
R^2	0.6911		
观察值	338		

（三）以对外开放（open）为门槛变量

以对外开放为门槛变量分别进行了门槛效应的检验，得到了对应的F统计量和自抽样法得出的P值。由表5-14可知，对外开放的单一门槛和双重门槛分别在10%和5%水平下显著，说明存在单一门槛和双重门槛。进而，本书进行单门槛值和双重门槛值的估计，及对其真实性进行检验。

表5-14　　　　　　　　　门槛效果检验结果

模型	F值	P值	BS次数	临界值		
				1%	5%	10%
单一门槛	27.76	0.080	300	57.4589	32.7762	25.5839
双重门槛	23.28	0.033	300	31.0041	21.8580	18.8088

◇ 产业协同集聚的经济效应研究

由表 5 – 15 可知，对外开放的第一门槛估计值为 0.0086，第二门槛估计值为 0.0173。由似然比函数序列趋势图 5 – 6 可以看出，当对外开放的第一门槛估计值和第二门槛估计值均在置信区间范围内，似然比均小于临界值，说明门槛估计值与实际门槛值相等。

表 5 – 15　　　　　　　门槛估计值及置信区间

	门槛估计值	95%置信区间
单一门槛模型	0.0173	[0.017, 0.018]
双重门槛模型		
对外开放 1	0.0086	[0.008, 0.009]
对外开放 2	0.0173	[0.017, 0.018]

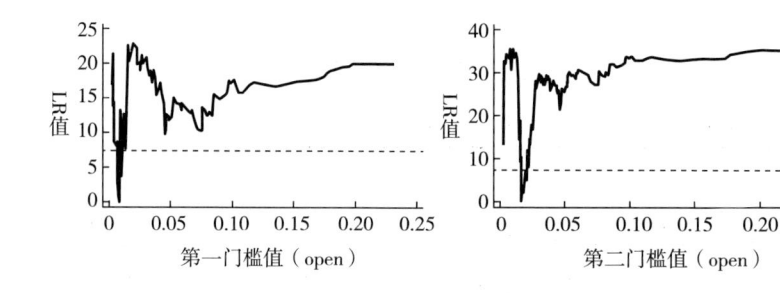

图 5 – 6　LR 似然图

表 5 – 16 是对外开放为门槛变量的双重门槛模型参数估计结果。根据估计结果来看，当对外开放低于 0.0086 时，制造业与生产性服务业协同集聚对产业结构升级的影响系数为负，但未通过显著性检验。当对外开放跨过第一个门槛值，位于第二区间时，制造业与生产性服务业协同集聚对产业结构升级的影响系数显著为正，且系数达到了 1.1054；当对外开放跨过第二个门槛值 0.0173 时，制造业与生产性服务业协同集聚对产业结构升级的影响系数再次变为负值，也未通过显著性检验。通过上述检验可知，当对外开放作为门槛变量时，制造业与生产性服务业协同集聚对产业结构升级的影响

确实存在显著的门槛效应。只有当对外开放处于一个适度范围的时候，制造业与生产性服务业协同集聚对产业结构升级将产生正向的促进作用，对外开放程度过低或过高都不利于产业协同集聚作用于产业结构升级。目前，长三角城市群外商投资占比年均值已经超过0.0173的水平，表明外商投资对产业协同集聚的产业结构升级效应呈现出反向抑制作用，但是作用还不明显，这说明长三角城市群不能再依靠引进外资促进产业技术水平的提升，尤其是生产性服务业的发展，应该更加注重产业自我创新能力的提高，从而促进产业协同集聚的发展。

表 5-16　　　　　　　　　　门槛回归结果

变量	估计系数	T 统计量	P 值
$q_{it} \leq 0.0086$	-0.3493	-1.27	0.205
$0.0086 < q_{it} \leq 0.0173$	1.1054	5.88	0.000
$q_{it} > 0.0173$	-0.0799	-0.74	0.462
F - stata	49.45***		
R^2	0.6675		
观察值	338		

（四）以政府干预（gov）为门槛变量

本章以政府干预为门槛变量分别进行了门槛效应的检验，得到了对应的F统计量和自抽样法得出的P值。由表5-17可知，政府干预的单一门槛在5%水平下显著，双重门槛和三重门槛未通过显著性检验，因此存在单一门槛。在面板门槛效应通过显著性检验的基础上，本章进行单门槛值估计，及对其真实性进行检验。门槛估计值是似然比检验统计量LR为零时的取值，由表5-18可知，政府干预的单一门槛估计值为0.1230。由似然比函数序列趋势图5-7可以看出，当政府干预的单一门槛估计值在置信区间范围内，似然比小于临界值，说明单一门槛估计值与实际门槛值相等。

表5-17　　　　　　　　门槛效果检验结果

模型	F值	P值	BS次数	临界值 1%	5%	10%
单一门槛	122.82	0.000	300	48.103	34.038	27.008
双重门槛	22.19	0.213	300	49.086	39.432	29.908

表5-18　　　　　　　　门槛估计值及置信区间

	门槛估计值	95%置信区间
单一门槛模型	0.1230	[0.1229, 0.1251]
双重门槛模型		
对外开放1	0.0056	[0.0052, 0.0116]
对外开放2	0.1230	[0.1229, 0.1251]

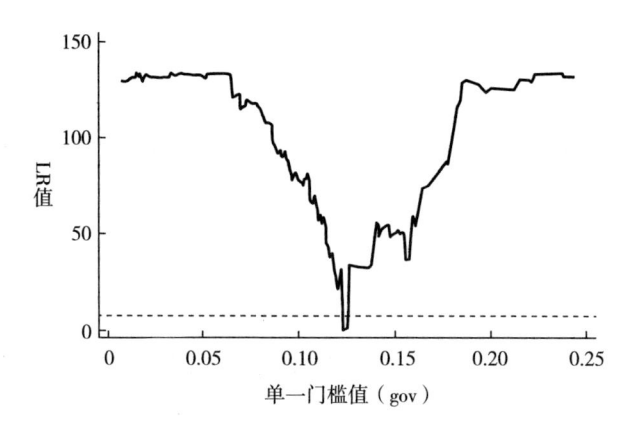

图5-7　LR似然图

表5-19是政府干预为门槛变量的单一门槛模型参数估计结果。根据估计结果来看，当政府预算占比低于0.1230时，制造业与生产性服务业协同集聚对产业结构升级的影响系数显著为负，说明政府预算占比较低时，制造业与生产性服务业协同集聚不利于促进产业结构升级。当政府预算占比大于门槛值0.1230时，制造业与生产性

服务业协同集聚对产业结构升级的影响系数转为正数，且通过1%水平的显著性检验。通过上述检验可知，当以政府干预作为门槛变量时，制造业与生产性服务业协同集聚对产业结构升级的影响确实存在显著的门槛效应，且随着政府预算占比的不断提高，产业协同集聚对产业结构升级的影响由抑制转为促进。其原因在于，长三角城市群内各地方政府注重支持产业发展，尤其加强对生产性服务业发展的政策扶持，从而促进制造业与生产性服务业的协调发展。

表5-19　　　　　　　　　门槛回归结果

变量	估计系数	T统计量	P值
$q_{it} \leq 0.1230$	-1.9213	-2.75	0.006
$q_{it} > 0.1230$	0.8826	10.70	0.000
F-stata	16.49***		
R^2	0.8739		
观察值	338		

第四节　本章小结

本章以产业协同集聚影响产业结构升级的作用机理研究为基础，以空间计量模型和面板门槛回归模型为研究手段，分别研究了产业协同集聚对长三角城市群产业结构升级的空间效应和非线性影响效应。

从空间效应来看，制造业与生产性服务业协同集聚对长三角城市群产业结构升级的直接效应显著为正，说明各城市产业协同集聚是促进其自身产业优化升级的重要手段。间接效应显著为负，说明城市间产业协同集聚存在着竞争性，相邻城市制造业与生产性服务业协同集聚会抑制本城市产业优化升级。

◇ 产业协同集聚的经济效应研究

通过产业协同集聚对长三角城市群产业结构升级的门槛效应分析，发现在制造业区位熵、生产性服务业区位熵、城市化水平、对外开放以及政府干预的约束下，制造业与生产性服务业协同集聚对产业结构升级的影响确实存在非线性关系。

第六章

产业协同集聚与地区收入差距

2015年中国人均GDP首次突破8000美元,正式进入所谓的"中等收入国家"的行列。然而,中国地区收入分配差距问题仍然严峻。2016年中国基尼系数为0.465,仍然超过0.4的国际警戒线,这严重影响了居民消费水平和经济质量的提高,是新时期中国能否跨越中等收入陷阱的关键所在,也说明全体居民并没有公平分享中国经济增长创造的社会福利。收入分配差距问题一直受到国家政府的高度重视,十八大以来,我国持续深化收入分配改革,切实执行"两个同步"方针[①]和"国民收入倍增计划"[②]。

长三角城市群作为中国经济增长最为活跃的区域经济合作体,既有经济实力雄厚的上海、南京、杭州等城市,同时也有经济相对落后的安徽各城市。根据城市统计年鉴,分别选取了2004年和2016年长三角城市群各项收入进行对比,结果如表6-1所示。长三角城市群中,三项收入指标最高的以上海、苏州、嘉兴为主,最低的主要是安徽的安庆、滁州和池州。同时也发现,2004—2016年长三角城市群三项收入的相对比例有所下降,但相对比例仍然较高

[①] "两个同步"方针:千方百计增加居民收入,努力实现居民收入增长和经济发展同步、劳动报酬增长和劳动生产率提高同步,提高居民收入在国民收入分配中的比重,提高劳动报酬在初次分配中的比重。

[②] "国民收入倍增计划":到2020年,实现国内生产总值和城乡居民人均收入比2010年翻一番。

且绝对差距扩大。因此，地区发展不平衡、收入分配差距大是长三角城市群推进区域一体化发展进程中面临的挑战。

表6-1 长三角城市群收入分配差距

项目	2004年				2016年			
	最高（元）	最低（元）	绝对差（元）	相对比	最高（元）	最低（元）	绝对差（元）	相对比
职工平均工资	上海 29874	滁州 10062	19812	2.97:1	上海 120503	安庆 52954	67549	2.28:1
城镇居民人均可支配收入	上海 16683	池州 6974	9709	2.39:1	上海 57692	池州 26261	31431	2.20:1
农村居民人均纯收入	苏州 7503	安庆 2298	5206	3.27:1	嘉兴 28997	安庆 10814	18183	2.68:1

资料来源：根据各城市统计年鉴整理计算得出。

国家大力倡导以经济结构调整促进要素资源的最优配置，以技术创新推动产业结构优化升级，缩小地区收入分配差距，实现国民经济的长期可持续发展。"双轮驱动"的发展模式促使制造业与生产性服务业在一定区域内集聚，作为调整产业结构的重要方式，产业集聚将对地区产业结构和收入分配结构产生巨大的带动作用，从而影响地区收入分配差距。但是，制造业与生产性服务业协同集聚在多大程度上以及对地区收入差距产生何种影响？这种影响是否存在约束机制？是否存在空间溢出效应？本章将利用城市面板数据的经验观察来回答上述问题，通过深入探究制造业与生产性服务业协同集聚的地区收入差距效应，明确制造业与生产性服务业协同集聚对地区收入差距的空间效应与约束机制，这对长三角城市群选择合理的产业结构和功能定位，促进产业间有效集聚和缩小地区收入差距具有重要的理论和现实意义。

第六章
产业协同集聚与地区收入差距

第一节　产业协同集聚影响地区收入差距的作用机理

一　制造业与生产性服务业协同集聚对地区收入差距的直接影响机理

（一）循环累积的规模经济

制造业与生产性服务业协同集聚通过降低交易成本，促进劳动力、资本等生产要素在产业间和城市间的自由流动，从而提高了生产要素与企业之间的匹配程度，市场规模和产业规模随之扩大，从而提升了劳动力就业水平和收入水平；这样，反过来又会吸引要素进一步集中，继而又引起市场要素扩大和集中，产业集聚规模得到进一步的提升，如此循环累积形成不断扩大的集聚规模，产业在空间集聚产生的循环累积集聚可以改善集聚区居民生活水平。

（二）外部经济效应

制造业与生产性服务业协同集聚通过集聚经济效应影响地区收入差距。产业协同集聚符合一般集聚经济的特征：制造业与生产性服务业协同集聚活动表现为制造业与生产性服务业在地理空间上的相互作用，在本质上放弃了新古典经济增长理论的完全竞争、规模报酬不变、交易成本为零的假设基础。因此，产业协同集聚同样具有马歇尔（MAR）集聚外部性的特征，即产业集聚形成的劳动力市场共享、与本地大市场相联系的前后向关联以及知识溢出。制造业与生产性服务业协同集聚就是由于产业之间存在的关联性——投入产出关系和知识外溢，为了降低运输成本，产业间选择在空间地理上的共同集聚。同时，制造业与生产性服务业协同集聚也体现了Jacobs外部性所强调的产业间知识溢出与学习效应，符合新经济地理学研究的框架。由此可见，制造业与生产性服务业协同集聚所产生集聚经济效应必然会对地区收入差距产生影响。

二 制造业与生产性服务业协同集聚对地区收入差距的间接影响机理

制造业与生产性服务业协同集聚通过集聚经济实现规模报酬递增，对集聚地区就业和产业结构产生影响，从而影响集聚地区收入水平。而集聚存在的空间差异性将导致地区间收入水平的不同，因此，本书在借鉴既有文献的基础上，从协同集聚的就业效应和产业升级效应两个方面，分析制造业与生产性服务业协同集聚对地区收入差距的间接影响机制。

（一）制造业与生产性服务业协同集聚的就业效应

在此将遵循着"产业协同集聚—就业效应—地区收入差距"逻辑思路，来分析产业协同集聚对地区收入差距的影响机理。

第一，随着产业协同集聚水平的不断提高，生产性服务业与制造业协同集聚产生的知识及技术外溢效应降低了企业获取技术信息的成本，促使企业交易成本降低；同时，随着产业协同集聚水平的提高，得益于规模经济效应，企业生产成本下降。而企业交易成本和生产成本的降低使企业生产效率得到提高，从而对高技术劳动力的需求随之增加。同时，企业生产效率的提高也意味着劳动力边际生产效率的提高，企业将为劳动者支付更高的报酬。

第二，随着产业协同集聚水平的提高，产业链不断向上下游拓展而产生的投入产出效应，以及企业内部和企业之间劳动分工的不断深化，都将有利于新企业的建立和吸引企业集聚发展，从而扩大对劳动力的需求，增加就业机会。

第三，区域中心城市对周边城市产业协同集聚具有的空间互补效应。由于制造业与生产性服务业具有不同的比较优势，因此在要素流动及产业迁移的作用下形成一定的空间联动性。一种是基于城市内部的空间联动性，另外一种则是城市间的空间联动性。由于受到城市经济发展阶段等因素的影响，制造业与生产性服务业协同集聚过程中存在匹配不一致的矛盾，有些城市处于制造业产业链的较高位置，而其生产性服务业发展相对滞后，因此具有多样化特征的中心城市在辐射效应的作用下可以弥补这一矛盾，促进城市间产业协同集聚水平的提高，这种城市间产业协同集聚的空间联动性形成较强的就业互补效应，从而提升就业水平，影响地区收入差距。

（二）制造业与生产性服务业协同集聚的产业升级效应

这一部分遵循着"产业协同集聚—产业升级—地区收入差距"逻辑思路，来分析产业协同集聚对地区收入差距的影响机理。在前一章中，本书从产业关联、价值链、创新等角度，分析得出制造业与生产性服务业协同集聚有利于促进产业结构升级。而伴随着产业结构的优化升级，收入分配也将发生变化。已有研究结果表明，产业升级将显著提升劳动收入份额，从而缩小地区收入差异。

首先，从产业关联的角度来看，制造业与生产性服务业协同集聚的产业升级效应是资源在产业间与产业内优化再配置的作用结果，产业升级增强了对高技能劳动者的需求和依赖，劳动力技能结构的变化将对劳动力的工资结构、就业比重产生影响，从而提升劳动收入份额。其次，从价值链的角度来看，制造业与生产性服务业协同集聚的产业升级效应表现为产业结构高附加值化及高技术化，"经济服务化"趋势明显，人力资本及技术进步的作用凸显，以知识密集型为特征的现代服务业吸纳劳动力的水平不断提高，从而提升劳动力收入水平。因此，由于劳动力收入份额和劳动力收入水平的提高，制造业与生产性服务业协同集聚将有利于缩小地区收入差距。最后，从创新的角度来看，制造业与生产性服务业协同集聚的产业升级效应表现为，在知识溢出的作用下，落后地区通过技术改革和创新，企业创新能力和创新效率得以提升，从而使区域收入差距趋于收敛。

第二节 产业协同集聚影响地区收入差距的空间溢出效应

从既有研究文献来看，地区收入存在毗邻城市间的空间依赖性，考虑到长三角城市群是一个具有非均质性的空间范畴，本章依然将空间因素纳入研究的范畴，利用2004—2016年长三角城市群26个地级及以上城市数据分析制造业与生产性服务业协同集聚对地区收入差距的影响，从而为缩小地区收入差距提供政策支持。本小节的研究思路为：构建空间计量模型，测算莫兰指数，分析长三角城市群地区收入差距的空间相关性（因在前文中已测算过长三角城市群制造业与生产性服务业协同集聚的空间相关性，故此小节不再赘述）；基于全样本与分行业两个角度，估计并分析制造业与生产性服务业协同集聚对地区收入差距的空间效应。

一 模型设定与变量选择

（一）空间计量模型设定

考虑到产业协同集聚与地区收入差距在地理空间上可能存在的溢出效应，为使研究结论更具有解释力，本书构建了空间滞后模型（SAR）、空间误差模型（SEM），如下所示：

$$\ln gap_{it} = \rho W \ln gap_{jt} + \alpha l_n + \beta_1 \ln co_{it} + \beta_2 \ln pk_{it} + \beta_3 \ln hum_{it} + \beta_4 \ln mark_{it} + \beta_5 \ln fdi_{it} + \beta_6 \ln ur_{it} + \varepsilon_{it} \quad (6-1)$$

$$\ln gap_{it} = \alpha l_n + \beta_1 \ln co_{it} + \beta_2 \ln pk_{it} + \beta_3 \ln hum_{it} + \beta_4 \ln mark_{it} + \beta_5 \ln fdi_{it} + \beta_6 \ln ur_{it} + \lambda W u_{jt} + \varepsilon_{jt} \quad (6-2)$$

式中，$W \ln gap_{jt}$ 为被解释变量间的内生交互效应，Wu_{jt} 为不同空间单元存在的干扰效应。ρ 为空间自回归系数，能够反映出相邻城市产业协同集聚对地区收入差距产生的影响力。λ 为空间自相关系数，W 为空间权重矩阵，αl_n 为空间单位向量。为了消除异方差，对所有变量进行了取对数处理，记为 ln。

（二）变量选择与数据来源

本章分析以长三角城市群26个地级及以上城市2004—2016年的地区收入差距（gap）作为被解释变量，以长三角城市群各城市在这一时期内制造业与生产性服务业协同度（co）作为被解释变量，同时在借鉴已有文献的基础上，加入多个控制变量。

被解释变量：地区收入差距（gap）。由于缺乏可以直接衡量地区收入差距的指标。因此，本章借鉴高连水（2011）、赵磊（2013）的思路，采用公式 $y_i = p_{ir}y_{ir} + p_{iu}y_{iu}$ 计算地区收入差距。其中，p_{ir} 表示第 i 个城市的农村人口比重，p_{iu} 表示第 i 个城市的城镇人口比重，y_{ir} 和 y_{iu} 表示第 i 个城市的农村人均纯收入和城镇人均可支配收入。

核心解释变量：产业协同集聚度（co）。本章依然沿用前一章计算出来的制造业与生产性服务业的协同集聚度来衡量产业协同集聚水平。

控制变量：

（1）人均资本存量（pk）。在新古典经济增长理论中，物质资本和人力资本是影响经济增长的基本动力因素，而经济增长是影响地区收入差距的重要因素，因此人力资本与物质资本同样也是影响地区收入差距的主要因素。因此，本章沿用前一章利用永续盘存法计算出来的人均资本存量分析物质资本对地区收入差距的影响。

（2）人力资本（hum）。根据人力资本理论，人力资本是居民收入差距产生的重要原因。一个城市人力资本水平的不断提升，意味着该地区劳动生产率的不断提高，因而该城市居民所获得的劳动报酬也将越高。因此，本章采用每万人高校在校大学生数量作为人力资本的代理变量。

（3）市场化（mark）。市场化通过转变政府职能，发展非国有经济，提高要素配置效率促进地区经济发展，提高居民收入总体水平。但是地区之间市场化进程的差异性，会通过工业化和城市化、产品与要素流动、所有制结构转变等导致地区收入差距的扩大（Yao and Zhang, 2001；王小鲁和樊纲，2004；阎大颖，2007；钱龙和叶俊焘，2017）。因此，根据数据可得性，本章借鉴刘叶和刘伯凡（2016），采用城镇私营和个体从业人数占总就业人数比重表示各城市市场化程度。

（4）外商直接投资（fdi）。外商直接投资作为一个地区经济发展的重要动力，为地区经济带来了大量的资本，提供了大量的就业机会，并且由其产生的技术溢出效应推动了企业技术水平的提高。

与此同时，外商直接投资对地区收入差距产生了重要影响。但是，由于二者之间内在传导机制存在多重效应的叠加，因此外商直接投资与地区收入差距的关系并未确定。Figini 和 Santarelli（2006）的研究表明发展中国家的收入差距随着 FDI 的流入而扩大，发达国家的收入差距随着 FDI 的流入而缩小。沈桂龙和宋方钊（2011）研究得出外商直接投资扩大了地区收入差距；范爱军和刘伟华（2010）分析得出外商直接投资的流入缩小地区收入差距；谢建国和丁方（2011）、宋勇超和朱延福（2013）的研究结果则表明 FDI 与收入差距的关系呈倒"U"形。因此，本章也将外商直接投资引入模型对此进行验证，外商直接投资采用各城市当年实际使用外资额占 GDP 的比重来衡量。实际使用外资利用各年度美元与人民币的平均汇率进行折算。

（5）城市化（ur）。城市化反映了一个地区在推进工业化和现代化进程中产生的社会变迁。伴随着农村人口向城镇的不断迁移，第二、第三产业向城镇不断集聚，农村劳动力也不断由第一产业向第二、第三产业转移，从而引起地区收入水平的变化。因此本章借鉴已有文献，采用城镇常住人口占总人口的比重衡量城镇化。

实证分析中所涉及的所有变量均来源于 2005—2017 年的《中国城市统计年鉴》《上海统计年鉴》《江苏统计年鉴》《浙江统计年鉴》《安徽统计年鉴》及各地级市统计年鉴，缺失数据通过插值法补齐。

二　空间自相关性检验

（一）地区收入差距的空间分布格局

本书根据长三角城市群地区收入，借助 GEODA 软件中的 natural break 将长三角城市群划分为四个等级。2004—2016 年长三角城市群地区收入整体呈现出增长趋势，东中部城市地区收入水平较高，而西部地区城市地区收入水平相对较低，呈现出自东向西递减的态势。同时，随着时间的推移，地区收入低水平的城市数量有所增加，由 2004 年的 4 个（包括宣城、池州、安庆、滁州）增加到

2016年的7个（包括宣城、池州、安庆、滁州、芜湖、铜陵、盐城）；上海市一直属于地区收入高水平的城市，2011年城市数量有所增加（包括上海、苏州、南京、宁波）。

（二）全局空间自相关检验

采用地理距离权重矩阵下的Moran's I指数，对长三角城市群地区收入差距的全局空间相关性进行检验分析，Moran's I指数测算结果见表6-2。由表可知，2004—2016年，长三角城市群地区收入差距的Moran's I统计量均大于零，并且通过了1%显著性检验，说明长三角城市群地区收入差距存在显著的空间正相关性，反映了显著的空间集聚和依赖性，具体特征表现为地区收入水平高的城市相邻，地区收入水平相对低的城市相邻。

表6-2　长三角城市群地区收入差距的全局Moran's I

年份	gap		
	I	z	p
2004	0.4910***	3.6805	0.001
2005	0.4185***	3.1463	0.002
2006	0.4583***	3.2456	0.001
2007	0.4288***	3.5863	0.002
2008	0.4115***	3.1385	0.002
2009	0.3569***	2.7533	0.003
2010	0.4827***	3.6169	0.002
2011	0.3492***	2.7075	0.007
2012	0.3523***	2.7180	0.006
2013	0.3396***	2.6448	0.007
2014	0.3908***	2.9802	0.003
2015	0.4574***	3.4414	0.002
2016	0.4708***	3.5394	0.001

注：*、**、***分别表示通过10%、5%、1%的显著性检验。

从时空变化趋势来看（见图6-1），Moran's I 指数整体呈现先下降后波动上升的变化趋势。其中，2010年的Moran's I 指数最大，2013—2016年Moran's I 指数出现了较大幅度的增长。同时，地区收入差距的空间相关性大于产业协同集聚的空间相关性。

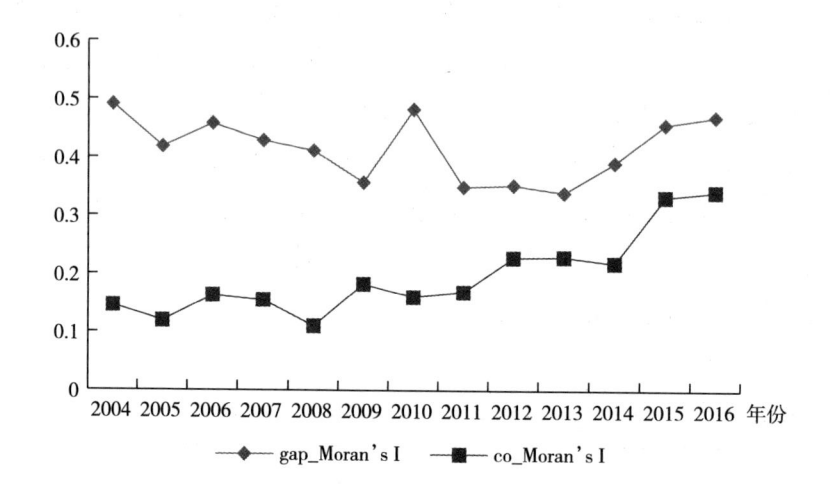

图6-1 地区收入差距和产业协同集聚度的 Moran's I 变化趋势

（三）局部空间相关性分析

全局 Moran's I 指数无法反映出长三角洲城市群地区收入差距的局部空间自相关性特征以及局部空间集聚的趋势特征，因此本书通过绘制莫兰（Moran）散点图，进一步探究长三角城市群地区收入差距的局部空间特征。限于篇幅的限制，本书仅选取2004年、2007年、2011年和2016年地区收入差距莫兰（Moran）散点图进行分析，如图6-2所示。

图6-2显示四个年份长三角城市群地区收入差距的 Moran's I 散点图，反映出随着时间的推移长三角城市群地区收入差距的空间格局及其动态演变趋势，进一步描述了长三角城市群地区收入差距的空间自相关性和异质性特征。由图6-2可知，大部分城市位于第一象限（高高类型）和第三象限（低低类型），两者都表现出正向

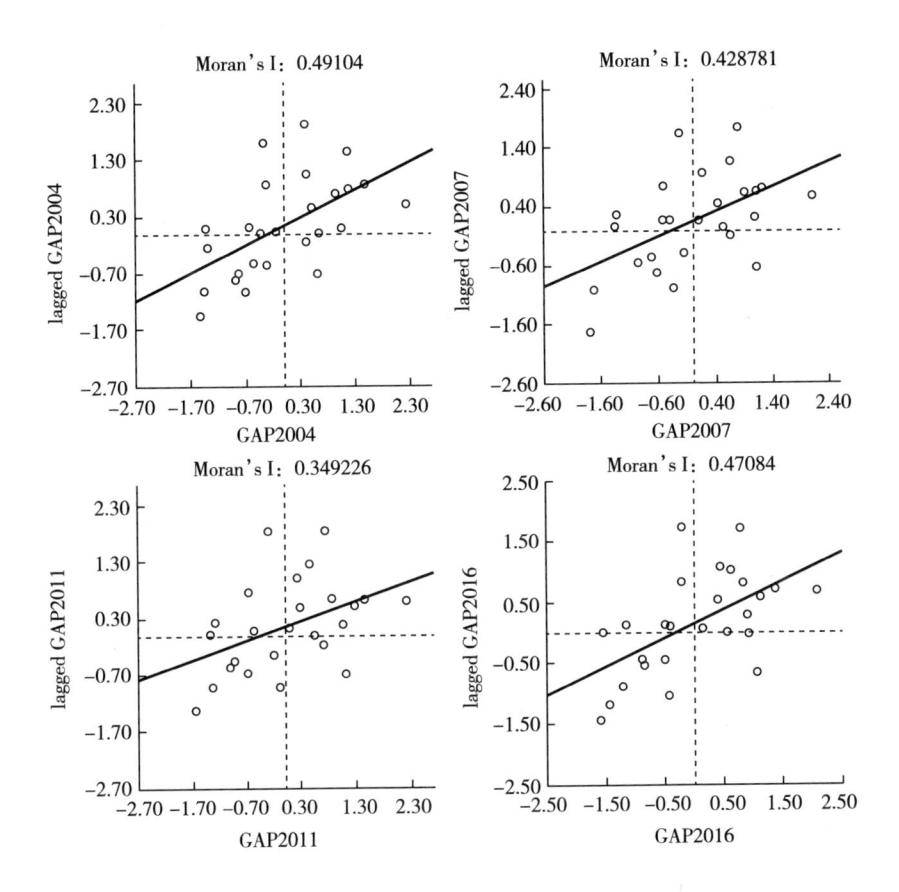

图 6-2 主要年份长三角城市群地区收入差距局部 Moran's I

空间相关性，形成了地区收入的高值集聚区和低值集聚区，而且位于第一象限高高类型的城市数量不断增加；少数城市位于第二象限（低高类型）和第四象限（高低类型），这些城市偏离了全局空间正相关性的特征，表现为局部负相关性。同时，各象限的散点分布呈现较为分散的态势，说明城市群内部地区收入具有空间差异性。因此，从整体来看，长三角城市群地区收入差距存在正向空间相关性及空间集聚性。

表 6-3 是 2004 年、2007 年、2011 年和 2016 年地区收入差距 Moran's I 散点图对应的具体城市。由表 6-3 可知，长三角城市群

中以上海为中心的东部城市属于"高高"类型，而"低低"类型主要以西部安徽省的城市为主，"高低"类型主要为南京和杭州两个省会城市，与周边城市的差距相对较大。由于经济演变周期较长，因此四个年度对应的城市类型相对稳定，变化不大。具体有以下变化，常州、杭州由"高低"类型转变为"高高"类型；镇江由"低高"类型转变为"高高"类型；滁州由"低低"类型转变为"低高"类型。

表6-3　　　　　城乡收入差距局部Moran's I指数城市分布

年份	第一象限	第二象限	第三象限	第四象限
2004	上海、无锡、杭州、宁波、绍兴、苏州、湖州、嘉兴台州、舟山	镇江、扬州、泰州、宣城、金华、南通	滁州、马鞍山、盐城、合肥、芜湖、铜陵、池州、安庆	常州、南京
2007	上海、无锡、常州、镇江、宁波、绍兴、苏州、湖州、嘉兴、台州、舟山	扬州、滁州、泰州、宣城、金华、南通	马鞍山、盐城、合肥、芜湖、铜陵、池州、安庆	杭州、南京
2011	上海、无锡、常州、镇江、宁波、绍兴、苏州、湖州、嘉兴、台州、舟山	扬州、滁州、泰州、宣城、金华、南通	马鞍山、盐城、合肥、芜湖、铜陵、池州、安庆	杭州、南京
2016	上海、无锡、常州、镇江、宁波、绍兴、苏州、湖州、嘉兴、台州、舟山、杭州	扬州、滁州、泰州、宣城、金华、南通	马鞍山、盐城、合肥、芜湖、铜陵、池州、安庆	南京

为了进一步分析长三角城市群地区收入差距的关联性，反映高值集聚区和低值集聚区的空间溢出效应，本书对2004年、2007年、2011年和2016年局部Moran's I指数统计量的显著性进行了检验。2004年通过显著性检验的城市中，属于"高高"集聚类型的是上海、苏州、嘉兴、绍兴、舟山，属于"低低"集聚类型的是合肥、安庆、芜湖、铜陵、池州、马鞍山，属于"高低"集聚类型的是南

京，属于"低高"集聚类型的是南通。2007年，绍兴、合肥、芜湖、马鞍山均未通过显著性检验，其余城市类型与2004年一致。2011年，属于"低低"集聚类型的仅有铜陵和池州，其余类型城市和2007年一致。2016年，属于"高高"集聚类型的是上海、苏州、嘉兴、湖州、绍兴、舟山，属于"低低"集聚类型的是合肥、安庆、铜陵、池州、马鞍山，"高低"集聚型和"低高"集聚型城市未发生变化。

从整体来看，在四个时间点上，通过5%显著性检验且为"高高"类型的城市主要在长三角城市群东部地区，显示了以上海为中心的城市具有较强的经济实力，地区收入水平较高；"低低"类型的城市主要集中在长三角西部地区，且呈现集聚趋势，这些城市主要处于安徽省，经济社会发展相较于江苏、浙江和上海长期滞后，地区收入水平相对较低。

三 空间效应分析

根据上述空间相关性分析可知，长三角城市群制造业与生产性服务业集聚及地区收入差距均存在空间相关性，因此可以通过构建与估计空间计量模型，来探讨长三角城市群制造业与生产型服务业协同集聚对地区收入差距的影响。本章首先采用一般面板回归模型对长三角城市群制造业与生产性服务业协同集聚与地区收入差距进行普通最小二乘估计。通过对模型残差序列进行空间自相关检验，从而判断进行空间计量估计的必要性。在此基础上，通过LM检验及其稳健性检验（Robust LM）选择适用的空间计量模型。由估计结果（表6-4）可以看出，Moran's I为8.898，通过1%水平的显著性检验，说明残差序列存在显著的空间自相关性，即对长三角城市群制造业与生产性服务业协同集聚的地区收入差距效应进行分析时应当考虑空间因素。LM error 和 Robust LM error 统计值分别为70.483和76.185，均通过了1%的显著性检验；LM lag 和 Robust LM lag 统计值分别为0.587和6.288，LM lag未通过显著性检验，因此本书选择SAR、SEM模型进行分析。

表6-4　　　　　　　空间计量模型检验及识别结果

	检验方法	统计量	伴随概率
空间依赖性检验	Moran's I	8.898***	0.000
	LM test no spatial error	70.483***	0.000
	Robust LM test no spatial error	76.185***	0.000
	LM test no spatial lag	0.587	0.444
	Robust LM test no spatial lag	6.288**	0.012

（一）全样本空间效应分析

通过对空间计量模型进行 Hausman 检验（chi2 = 49.24***），以及对时间、空间和双向固定三种模型 R^2 的比较，确定本章选用时间固定效应的空间滞后模型（SAR）、空间误差模型（SEM）对长三角洲地区制造业与生产性服务业协同集聚的地区收入差距效应进行参数估计，结果见表6-5。

表6-5　　长三角地区产业集聚与地区收入差距空间计量结果

变量	SAR 系数	z值	SEM 系数	z值
lnco	-0.062** (0.0247)	-2.52	-0.047*** (0.0183)	-2.59
lnpk	0.191*** (0.0187)	10.17	0.107*** (0.0175)	6.15
lnhum	0.065*** (0.0099)	6.52	0.071*** (0.0081)	8.72
lnmark	0.011 (0.0223)	-4.14	0.025 (0.0176)	1.40
lnfdi	-0.014* (0.0082)	0.49	-0.005 (0.0073)	-0.66
lnur	0.427*** (0.0256)	16.70	0.467*** (0.0192)	24.28
Spatial rho	0.579*** (0.0296)	19.56		
Spatial lambda			0.885*** (0.021)	42.82
Variance sigma2_e	0.012*** (0.001)	12.83	0.008*** (0.001)	12.13
R^2	0.9178		0.6849	
Log-likelihood	297.7859		276.2603	

注：***、**、* 分别表示1%、5%、10%的显著性水平，括号内的数字为标准误差值。

从表 6-5 可知，空间自回归系数 $\rho = 0.579$ 和空间自相关系数 $\lambda = 0.885$，均通过了 1% 水平的显著性检验，说明长三角城市群地区收入差距存在显著的空间关联性。从核心解释变量制造业与生产性服务业协同集聚（lnco）的回归系数来看，在两个模型中 lnco 的影响系数始终显著为负，说明从长三角城市群整体来看，制造业与生产性服务业协同集聚显著缩小了地区收入差距。

空间回归模型中变量的系数并不能直接解释其对被解释变量的影响，应使用解释变量的间接效应反映空间溢出效应是否存在。因此，在固定效应 SAR 模型估计的基础上，利用偏微分的方法对制造业与生产性服务业协同集聚度以及各控制变量对地区收入差距的影响进行了空间分解，如表 6-6 所示。总体效应表示产业协同集聚以及各控制变量对于地区收入差距的影响，直接效应表示各城市产业协同集聚以及各控制变量对本地区收入差距的影响，间接效应表示周边城市产业协同集聚以及各控制变量对本城市收入差距的影响。

表 6-6　　　　　　　　空间溢出效应分解

变量	总效应	直接效应	间接效应
lnco	-0.150**	-0.0701**	-0.0797**
	(0.0645)	(0.0292)	(0.0358)
lnpk	0.452***	0.213***	0.239***
	(0.0384)	(0.0197)	(0.0246)
lnhum	0.156***	0.0732***	0.0832***
	(0.0317)	(0.0121)	(0.0200)
lnmark	0.0262	0.0123	0.0139
	(0.0556)	(0.0261)	(0.0296)
lnfdi	-0.0331*	-0.0156*	-0.0175*
	(0.0196)	(0.00926)	(0.0105)
lnur	1.025***	0.482***	0.543***
	(0.0893)	(0.0289)	(0.0684)

注：***、**、* 分别表示 1%、5%、10% 的显著性水平，括号内的数字为标准误差值。

制造业与生产性服务业协同集聚对地区收入差距的影响效应。制造业与生产性服务业协同集聚对长三角城市群地区收入差距存在空间溢出效应。直接效应为负且显著，说明制造业与生产性服务业协同集聚会缩小本地区收入差距；间接效应显著为负，表明制造业与生产性服务业协同集聚对地区收入差距的影响存在负的间接效应，即一个城市制造业与生产性服务业协同集聚的提升，能够缩小邻近城市的收入差距。由于直接效应和间接效应的共同作用，使制造业与生产性服务业协同集聚对于地区收入差距存在总体的负向空间溢出效应，也就是制造业与生产性服务业协同集聚能够缩小地区收入差距。

控制变量对地区收入差距的影响效应。资本存量、人力资本、城镇化、市场化对地区收入差距的直接效应和间接效应均显著为正，其中城镇化的影响程度最大，而市场化的影响效应不显著，说明资本存量、人力资本、城镇化不仅会扩大本地区收入差距，而且还会扩大邻近地区的收入差距。这是因为长三角城市群在推进市场化进程中，虽然通过打破行政垄断和市场垄断提高了资源配置的效率，但同时由于市场机制调节作用引起资本、人力等要素不断在地区间流动、集聚，由此产生的极化效应反而拉大了地区收入差距。外商直接投资对地区收入差距的直接效应和间接效应均显著为负，但是影响程度相对较小，说明外商直接投资对本地区及邻近地区收入差距具有微弱的缩小作用。

（二）细分行业协同集聚的空间效应分析

由上述分析结果可以看出，长三角城市群制造业与生产性服务业协同集聚对地区收入差距的直接效应与间接效应均显著为负。本书将对制造业与生产性服务业细分行业协同集聚的地区收入差距效应进行分析。通过 LR 检验，本书依然选择 SAR 模型，表 6-7 列出了制造业与各生产性服务业协同集聚对地区收入差距影响效应的模型回归结果，交通运输、仓储和邮政业（jt），信息传输、计算机服务和软件业（xx），科学研究、技术服务和地质勘查业（kx）与制造业（zz）的协同集聚对地区收入差距的直接效应和间接效应均显著为负，但是影响程度存在一定的差异，其中交通运输、仓储和邮政业（jt）与制造业（zz）协同集聚对地区收入差距的影响较大。租赁和商业服务业（zl）与制造业（zz）的协同集聚对地区收入差距的直接效应和间接效应均为正，且通过了5%的显著性检验，说明租赁和商业服务业与制造业的协同集聚（zzl）对本地及邻近地区收入差距均具有扩大作用。金融业（jr）、房地产业（fd）与制造业（zz）的协同集聚对地区收入差距的直接效应和间接效应均为负，但是并未通过显著性检验，说明金融业（jr）、房地产业（fd）与制造业（zz）的协同集聚对本地及邻近地区收入差距具有缩小的倾向，但是作用力不足。

表6-7 细分行业协同集聚与地区收入差距的空间回归结果

	（1）zjt	（2）zxx	（3）zjr	（4）zfd	（5）zzl	（6）zkx
lnco	-0.0679*** (0.0218)	-0.0371** (0.0175)	-0.0256 (0.0297)	-0.0213 (0.0214)	0.0380** (0.0170)	-0.0426** (0.0176)
Patial rho	0.574*** (0.0291)	0.569*** (0.0293)	0.570*** (0.0303)	0.569*** (0.0298)	0.551*** (0.0300)	0.565*** (0.0293)
Variance sigma2_e	0.0121*** (0.00094)	0.0123*** (0.00096)	0.0124*** (0.00097)	0.0124*** (0.00097)	0.0124*** (0.00096)	0.0123*** (0.00096)
直接效应	-0.0763*** (0.0256)	-0.0416** (0.0205)	-0.0289 (0.0347)	-0.0240 (0.0250)	0.0420** (0.0195)	-0.0476** (0.0205)
间接效应	-0.0848*** (0.0308)	-0.0454* (0.0232)	-0.0326 (0.0392)	-0.0266 (0.0280)	0.0426** (0.0198)	-0.0510** (0.0228)
总效应	-0.161*** (0.0559)	-0.0870** (0.0435)	-0.0615 (0.0738)	-0.0506 (0.0529)	0.0845** (0.0391)	-0.0986** (0.0430)
N	338	338	338	338	338	338
R²	0.918	0.921	0.919	0.919	0.924	0.922
LogL	249.425	246.89	245.0341	245.159	247.165	247.559

注：***、**、*分别表示1%、5%、10%的显著性水平，括号内的数字为标准误差值。

第三节　产业协同集聚影响地区
收入差距的门槛效应

根据前述分析，得出了长三角城市群制造业与生产性服务业协同集聚有利于缩小地区收入差距，且存在显著的正向空间溢出效应。这一部分将继续研究制造业与生产性服务业协同集聚对地区收入差距是否存在非线性影响效应。进行此项研究的基础在于：其一，制造业与生产性服务业协同集聚对地区收入差距的作用过程存在各种影响因素和约束条件。不同产业协同集聚本身就是一个动态复杂的系统，其对地区收入差距进行传导时必然会受到诸多因素的影响与制约，因此有必要考察制造业与生产性服务业协同集聚对地区收入差距的非线性影响。其二，关于产业集聚对收入差距影响的研究并未形成一致的结论，也为本书提供了重要的研究思路。目前，学术界的研究已经形成了以下结论：第一种研究观点认为产业集聚扩大地区收入差距，克鲁格曼（1991）基于 D-S 垄断竞争框架，发现产业集聚具有的行业水平规模和经济性质导致"集聚租"的产生，从而扩大地区收入差距。鲍尔温等（2001）认为，知识地方化溢出使核心区域的预期收益率高于外围区域，当贸易成本处于较低水平时，核心区域与外围区域产生实际工资率差距。藤田昌久和莫里（1996）认为，地理区位存在的差异性会使中心区周围形成市场潜力峰值，从而提高当地的实际工资水平。蔡武和吴国兵等（2013）认为，农村劳动力流动通过加速城市产业集聚扩大了城乡收入差距。覃一冬和张先锋（2014）基于新经济地理理论框架，发现经济活动的空间集聚扩大了地区收入差距。程艳和高君杰（2014）认为由于不同地区发展路径的冲突，市场潜力尚未完全发挥，导致产业集聚呈现集聚规模低和集聚密度高的现象，使地区收入差距扩大。第二种研究观点认为产业集聚有利于缩小地区收入差距，范剑勇和谢强强（2010）基于 Head 和 Mayer 提出的"本地市场效应"发现，尽管我国的产业集聚水平不断提升，但是地区收入差距呈现缓解态势。麻昌港和蒋伏心（2013）研究发现产业空间集聚和城市化利于缩小地区收入差距；城镇化人口比率在临界值范围内扩大地区收入差距。陈建军等（2016）基于城市群的行业视角，发现产业协同集聚和市场潜能对地区工资的促进作用存在地区差异性和行业异质性特征。张晓磊等（2018）基于中国工业企业微观数据，研究发现企业空间集聚促进企业雇佣规模的扩大，从而提高劳动力工资。常远和吴鹏（2018）发现产业集聚对收入分配差距的缩小作用，存在区域差异和阶段性特征，产业集聚为中度集聚时，收入分配效应最显著。第三种研究观点认为产业集聚对收入差距的影响存在非线性特征，刘修岩和殷醒民（2009）研究发现就业密度对地区工资水平的影响具有显著"门槛"效应，就业密度低于某一"门槛值"时，就业密度的增加抑制地区工资水平的提高；而就业密度高于"门槛值"时，抑制作用转为促进作用。谢里和谌莹（2013）基于新经济增长理论指出，产业集聚对地区收入差距的影响存在最优适度范围。王晓硕和王维国（2014）研究表明经济集聚对地区职工工资的影响呈现出非线性特征，具有"门槛"效应。张秀娟（2015）发现金融集聚对城乡收入差距的影响存在明显的区域性与阶段性差异。基于以上两方面的理论思考，本书将继续揭示制造业与生产性服务业协同集聚对地区收入差距的非线性影响效应。

一　模型构建与变量选取

（一）模型构建

本章在研究制造业与生产性服务业协同集聚对地区收入差距影响的约束条件时，主要采用"门槛回归"方法，此方法是对分组检验方法的扩展，可以避免传统分组检验中存在的确定分组标准具有的主观性问题，也可以避免交互检验存在的共线性问题。本章依据 Hansen（1999）创立的面板门槛回归分析方法，分别以城市规模、城市化水平以及就业密度为门槛变量对长三角地区制造业与生产性服务业协同集聚对地区收入差距影响关系可能存在的非线性门槛特征进行验证。根据面板门槛回归的分析原理，本章设定门槛模型如下：

$$gap_{it} = \mu_i + \beta'_1 co_{it} \cdot I(q_{it} \leq \gamma) + \beta''_2 co_{it} \cdot I(q_{it} > \gamma) + \theta D_{it} + \varepsilon_{it}$$

(6-3)

(二) 变量选取

被解释变量与核心解释变量仍然沿用前一节计算得出的地区收入差距（gap）和制造业与生产性服务业协同集聚度（co）。

门槛变量：分别为城市规模（popu）、城市化（ur）、就业密度（ed）。

(1) 城市规模（popu）：城市规模影响地区收入差距的本质在于城市具有的集聚效应与扩散效应。集聚效应使第二、第三产业、人力资本等生产要素向中心城市集聚，推动城市规模扩大，反过来强化集聚效应。集聚效应产生的规模效益、产业优势会扩大中心城市与周边地区的收入差距，但集聚引起劳动要素的流动也会影响地区间劳动生产率进而缩小地区收入差距。当集聚达到一定规模时，在"收益递减"规律以及集聚不经济的作用下，中心城市生产效率下降，居民收入上升缓慢甚至下降，地区收入差距缩小；与此同时，城市向外的扩散效应增强，引致第二产业、技术、劳动力等要素向周边地区转移有利于缩小地区收入差距，但适度的扩散使中心城市附加值较高的第三产业得以集中发展进而扩大地区收入差距。集聚与扩散是城市规模变动伴生效应的两个方面，二者的综合作用必然对产业协同集聚与地区收入差距产生相应影响。因此，本章将进行实证分析考察城市规模与上述两者影响关系是否存在"门槛效应"。在变量测度上，采用各城市年末户籍人口数来衡量城市规模。

(2) 城市化（ur）：城市化的直接表现就是农村人口向城市集中。既有文献表明，制造业集聚和生产性服务业集聚都能促进城镇人口比例的上升。据此可以得出，产业协同集聚可以通过创造就业乘数效应，拉动劳动力需求的增长，从而促进劳动力向城市转移。而劳动力的流动可以使经济相对落后地区的居民通过迁移获得更多的就业机会及更高的收入，从而缩小地区收入差距。但是，城市化进程中生产要素及产业不断向城市集聚从而获得较高收益率，城市生产率不断提高，从而拉大地区收入差距。因此选取城市化作为门槛变量，借鉴已有文献，采用城镇人口占常住总人口比重来衡量城市化水平。

（3）就业密度（ed）：产业集聚伴随着劳动力集聚，新经济地理学认为劳动力集聚产生的两种外部性是影响区域收入差距的重要原因之一。劳动力集聚能够形成技术外部性的正效应，也会由于劳动力供给增加形成负外部性效应，也就是说劳动力流动受到集聚力和分散力的影响。从集聚力角度来看，劳动力对产品及服务的需求扩大了市场规模，在本地市场效应的作用下，制造业和服务业厂商不断向该地区集中，进而引致厂商对劳动力需求的增加；厂商数量的增加，促使产品种类数量增加，制造业产品价格下降，劳动力的实际收入增加；从分散力的角度来看，劳动力的不断流入使劳动力供给增加、收入下降，同时厂商的不断集中导致拥挤效应进而使厂商利润下降，劳动力收入减少。综合两种作用力，产业协同集聚对地区收入的影响是不确定的，取决于正负外部性两种作用力的强度。因此，选取就业密度作为门槛变量，借鉴 Ciccone 和 Hall（1996）、范剑勇（2006）、刘修岩（2009）的研究，采用城市每平方公里的非农产业就业量来衡量就业密度。

二 实证结果及分析

（一）以城市规模（lnpopu）为门槛变量

以城市规模为门槛变量分别进行了单一门槛、双重门槛和三重门槛的检验，得到了对应的 F 统计量和自抽样法得出的 P 值。由表 6-8 和表 6-9 可知，城市规模的单一门槛和双重门槛分别在 5% 和 10% 显著性水平下显著，因此存在单一门槛和双重门槛。在面板门槛效应通过显著性检验的基础上，进行单门槛值和双重门槛值的估计，及对其真实性进行检验。门槛估计值是似然比检验统计量 LR 为零时的取值，城市规模的单一门槛估计值为 5.0780，双重门槛估计值为 7.7418。由似然比函数序列趋势图 6-3 可以看出，当城市规模单一门槛估计值和双重门槛估计值处于 [5.0627, 5.0789] 和 [7.6665, 7.7611] 范围内，似然比均小于临界值，说明单一门槛和双重门槛估计值均与实际门槛值相等。

表 6-8　　　　　　　　门槛效果检验结果

模型	F 值	P 值	BS 次数	临界值 1%	5%	10%
单一门槛	53.52	0.043	300	62.0301	51.6089	42.8503
双重门槛	44.02	0.097	300	62.5527	53.3332	43.7684
三重门槛	26.68	0.270	300	117.718	53.1244	42.1224

表 6-9　　　　　　　　门槛估计值及置信区间

	门槛估计值	95% 置信区间
单一门槛模型	5.0780	[5.0627, 5.0789]
双重门槛模型		
城市规模1	5.0780	[5.0627, 5.0789]
城市规模2	7.7418	[7.6665, 7.7611]

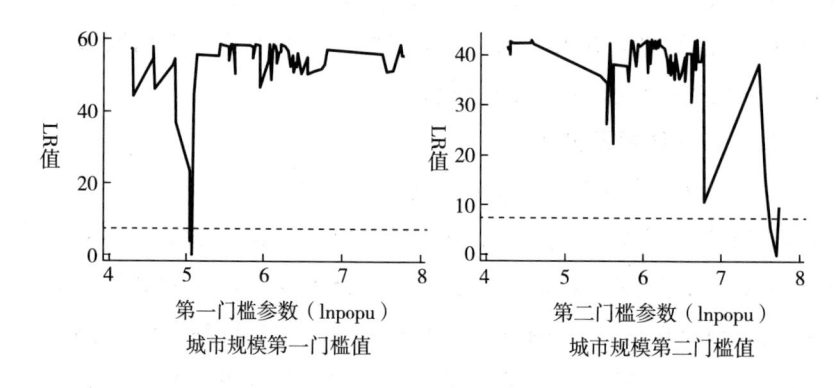

图 6-3　LR 似然图

表 6-10 为城市规模双重门槛模型参数估计结果。根据估计结果来看，当城市规模低于 5.0780 时（将门槛值转换为自然数即得出城市规模为 160.45 万人），制造业与生产性服务业协同集聚对地区收入差距的影响系数显著为负，说明制造业与生产性服务业协同集聚对地区收入差距产生了明显的负向抑制效应。当城市规模跨过第一个门槛值，位于第二区间时，制造业与生产性服务业协同集聚对地区收入差距的影响系数依然为负但不显著，影响系数为 -0.0314；当城市规模跨过第二个门槛值 7.7418（将门槛值转换为自然数即得出城市规模为 2302.61 万人）时，制造业与生产性服务业协同集聚对地区收入差距的影响系数开始变为正值，且通过了 5% 的显著性检验。基于上述分析可以看出，随着城市规模的变动，产业协同集聚对地区收入差距的影响呈现先降后升的特征。通过对比，2010 年以来仅上海市城市规模超过 2302.61 万人。

表 6-10　　长三角城市群产业协同集聚对地区收入差距的门槛回归结果

变量	估计系数	T 统计量	P 值
$q_{it} \leqslant 5.0780$	-0.6237	-4.48	0.000
$5.0780 < q_{it} \leqslant 7.7418$	-0.0314	-0.34	0.732
$q_{it} > 7.7418$	0.1701	2.12	0.034
F - stata	664.62***		
R^2	0.7623		
观察值	338		

（二）以城市化（ur）为门槛变量

以城市化为门槛变量分别进行了单一门槛、双重门槛和三重门槛的检验。由表 6-11 和表 6-12 可知，城市化的单一门槛和双重门槛均在 5% 水平下显著，三重门槛没有通过显著性检验。城市化的单一门槛估计值为 0.1638，双重门槛估计值为 0.8886。由似然比函数序列趋势图 6-4 可以看出，当城市化单一门槛估计值和双重门槛估计值处于［0.1628，0.1655］和［0.8753，0.8932］区间范围内，似然比均小于临界值，说明门槛估计值通过真实性检验，与实际门槛值相等。

表6-11　　　　　　　　　门槛效果检验结果

模型	F值	P值	BS次数	临界值 1%	5%	10%
单一门槛	38.05	0.013	300	39.8733	30.4944	24.8552
双重门槛	29.60	0.043	300	100.046	26.9188	21.1312
三重门槛	18.56	0.160	300	98.030	36.6644	22.6739

表6-12　　　　　　　　　门槛估计值及置信区间

	门槛估计值	95%置信区间
单一门槛模型	0.1638	［0.1628，0.1655］
双重门槛模型		
城市化1	0.1638	［0.1628，0.1655］
城市化2	0.8886	［0.8753，0.8932］

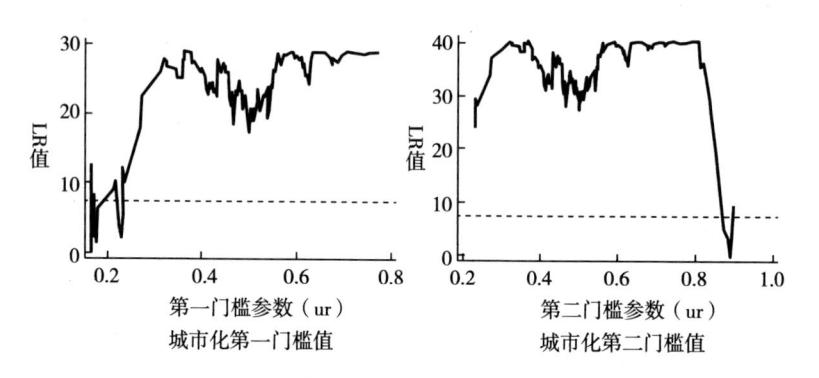

图6-4　LR似然值

根据估计结果表6-13来看，当城市化水平低于0.1638时，制造业与生产性服务业协同集聚对地区收入差距的影响系数显著为负，影响系数为-0.6826，说明制造业与生产性服务业协同集聚对地区收入差距产生了明显的负向抑制效应。当城市化水平跨过第一个门槛值,位于第二区间时,制造业与生产性服务业协同集聚对地区收入差距的影响系数为正但不显著;当城市化水平跨过第二个门槛值 0.8886 时,制造业与生产性服务业协同集聚对地区收入差距的影响系数显著为正值。通过对比,2011 年以来仅上海市城市化水平超过 0.8886。

表 6 – 13　　　　　　　　　门槛回归结果

变量	估计系数	T 统计量	P 值
$q_{it} \leq 0.1638$	– 0.6826	– 3.14	0.002
$0.1638 < q_{it} \leq 0.8886$	0.0252	0.26	0.797
$q_{it} > 0.8886$	0.2518	3.15	0.002
F – stata	615.68***		
R^2	0.8017		
观察值	338		

(三) 以就业密度 (lned) 为门槛变量

以就业密度为门槛变量分别进行了单一门槛、双重门槛和三重门槛的检验。由表 6 – 14 和表 6 – 15 可知,就业密度的单一门槛和双重门槛分别在 5% 和 10% 水平下显著,因此存在单一门槛和双重门槛。就业密度的单一门槛估计值为 2.1313,双重门槛估计值为 5.8981。由似然比函数序列趋势图 6 – 5 可以看出,就业密度单一门槛估计值和双重门槛估计值处于 [2.0828, 2.1442] 和 [5.8609, 6.2530] 范围内,似然比均小于临界值,说明门槛估计值与实际门槛值相等。

表 6 – 14　　　　　　　　　门槛效果检验结果

模型	F 值	P 值	BS 次数	临界值 1%	临界值 5%	临界值 10%
单一门槛	40.10	0.043	300	46.9358	38.0957	33.7917
双重门槛	32.19	0.057	300	42.4828	32.9986	28.6453
三重门槛	13.07	0.313	300	59.3085	26.5951	21.3165

表 6-15　　　　　　　　门槛估计值及置信区间

	门槛估计值	95% 置信区间
单一门槛模型	2.1313	[2.0828, 2.1442]
双重门槛模型		
就业密度1	2.1313	[2.0828, 2.1442]
就业密度2	5.8981	[5.8609, 6.2530]

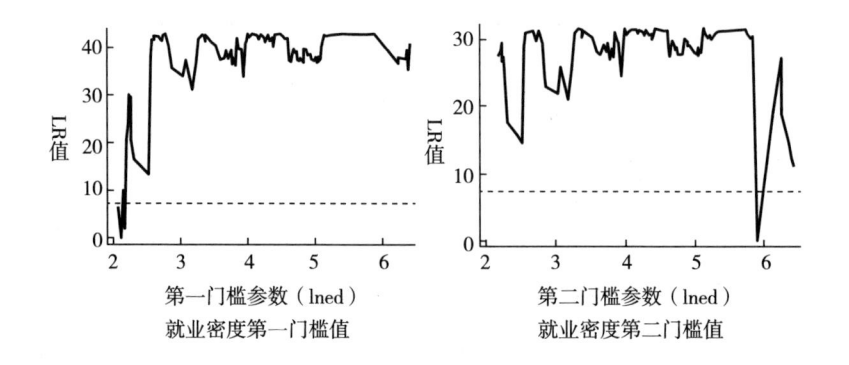

第一门槛参数（lned）　　　　第二门槛参数（lned）
就业密度第一门槛值　　　　　就业密度第二门槛值

图 6-5　LR 似然图

根据估计结果表 6-16 来看，就业密度低于 2.1313 时（将门槛值转换为自然数即得出就业密度为 8.4258 人/平方公里），制造业与生产性服务业协同集聚对地区收入差距的影响系数显著为负，说明制造业与生产性服务业协同集聚对地区收入差距产生了明显的负向影响效应。就业密度跨过第一个门槛值，位于第二区间时，制造业与生产性服务业协同集聚对地区收入差距的影响系数虽然为正但并不显著，影响系数为 0.1035；就业密度跨过第二个门槛值 5.8981（将门槛值转换为自然数即得出就业密度为 364.34 人/平方公里）时，制造业与生产性服务业协同集聚对地区收入差距的影响系数变为 0.2759，通过了 1% 的显著性检验，说明随着就业密度的不断提高，制造业与生产性服务业协同集聚对地区收入差距呈现扩大的趋势。

表 6-16　　　　　　　　门槛效果检验结果

变量	估计系数	T 统计量	P 值
$q_{it} \leq 2.1313$	-0.7256	-4.13	0.000
$2.1313 < q_{it} \leq 5.8981$	0.1035	1.05	0.293
$q_{it} > 5.8981$	0.2759	3.28	0.001
F-stata	599.89***		
R^2	0.8182		
观察值	338		

第四节　本章小结

本章以产业协同集聚影响地区收入差距的作用机理研究为基础，以空间计量模型和面板门槛回归模型为研究手段，分别研究了产业协同集聚对长三角城市群地区收入差距的空间效应和非线性影响效应。

从全样本来看，制造业与生产性服务业协同集聚对长三角城市群地区收入差距存在着空间溢出效应。直接效应和间接效应均显著为负，说明制造业与生产性服务业协同集聚会缩小本地区收入差距；间接效应显著为负，表明制造业与生产性服务业协同集聚对邻近地区收入差距存在负向影响效应。在直接效应和间接效应的共同作用下，长三角城市群产业协同集聚有利于缩小地区收入差距。

从分行业来看，交通运输、仓储和邮政业，信息传输、计算机服务和软件业，科学研究、技术服务和地质勘查业与制造业的协同集聚对地区收入差距的直接效应和间接效应均显著为负，但是影响程度存在一定差异。租赁和商业服务业与制造业的协同集聚对地区收入差距的直接效应和间接效应均显著为正，说明租赁和商业服务业与制造业的协同集聚对本地及邻近地区收入差距均具有扩大作用。金融业、房地产业与制造业的协同集聚对地区收入差距的直接效应和间接效应均为负，未通过显著性检验，说明金融业、房地产业与制造业的协同集聚对本地及邻近地区收入差距具有缩小的倾向，但是作用力不足。

通过产业协同集聚对长三角城市群地区收入差距的门槛效应分析，发现在城市规模、城市化水平以及就业密度的约束下，制造业与生产性服务业协同集聚对地区收入差距的影响确实存在非线性关系。

第七章

主要结论与政策建议

第一节 主要结论

本书以产业协同集聚的研究文献和相关理论为基础,分析了产业协同集聚影响经济增长、产业结构升级及地区收入差距的内在作用机理,通过对长三角城市群制造业与生产性服务业协同集聚发展特点的把握,实证分析了制造业与生产性服务业协同集聚对经济增长、产业结构升级以及地区收入差距的空间效应和非线性影响效应,得出了如下的研究结论:

第一,长三角城市群制造业与生产性服务业协同集聚水平呈现下降趋势。

根据区域整体产业协同集聚指数,对长三角城市群制造业与生产性服务业协同集聚发展水平进行了测度,发现长三角城市群产业整体协同集聚指数呈现出波动式下降趋势。从区域内部各城市产业协同集聚指数来看,长三角城市群制造业与生产性服务业整体协同集聚指数均值呈现出先下降后缓慢上升的"V"形变动趋势;其标准差呈现出先上升后波动下降的倒"V"形变动趋势,说明长三角城市群制造业与生产性服务业协同集聚程度由相对较高水平开始回落,各城市产业协同集聚程度的地区差距呈现扩大趋势。从城市层面来看，长三角城市群中心城市生产性服务业集聚、周边城市制造业集聚的"中心—外围"功能空间分工的趋势日趋明显，各个城市的专业化产业得以形成与发展，从而使得城市之间的联系更加紧密。

第二，长三角城市群制造业与生产性服务业协同集聚对经济增长的影响存在空间效应和门槛效应。

（1）产业协同集聚对经济增长的影响存在空间效应。通过空间溢出视角分析了产业协同集聚对长三角城市群经济增长的空间效应，发现产业协同集聚对经济增长的直接效应和间接效应均为负。直接效应显著为负，说明各城市制造业与生产性服务业协同集聚对自身经济增长产生了抑制作用。自改革开放以来，长三角城市群经济活动集聚特征明显，但伴随着资源约束、交通拥塞、环境污染等问题，集聚的拥挤效应逐渐显现，城市之间的竞争日趋激烈。同时，产业协同集聚涉及多个行业之间的布局，有限空间范围内企业数量庞大，就业密度大，企业之间经济关联网络更具复杂性，使得聚集的经济增长效应被抵消，这些事实在一定程度上印证了"威廉姆森假说"。间接效应为负但不显著，说明城市间产业协同集聚存在着竞争性，相邻城市制造业与生产性服务业协同集聚会导致本城市包括劳动力在内的生产要素外流，从而抑制城市经济增长，但是这种抑制作用尚不明显。制造业与生产性服务业协同集聚的非均衡性，导致城市间经济增长存在差异性同时产生空间集聚，由此导致长三角洲地区城市间经济增长水平存在着空间差异性。

（2）产业协同集聚对经济增长的影响存在门槛效应。通过产业协同集聚对长三角城市群经济增长的门槛效应分析，发现在城市规模、对外开放以及就业密度的约束下，制造业与生产性服务业协同集聚对经济增长的影响确实存在非线性关系。

第三，长三角城市群制造业与生产性服务业协同集聚对产业结构升级的影响存在空间效应和门槛效应。

（1）产业协同集聚对产业结构升级的影响存在空间效应。利用

第七章
主要结论与政策建议

空间统计学方法分析了产业协同集聚对长三角城市群产业结构升级的影响，发现产业协同集聚对产业结构升级的直接效应和间接效应均为显著，其中直接效应为正，间接效应为负。直接效应显著为正，说明各城市制造业与生产性服务业协同集聚是促进其自身产业优化升级的重要手段，随着制造业与生产性服务业协同集聚水平的提高，尤其是制造业与生产性服务业分工协作的深化，形成了产业升级的内在动力。间接效应显著为负，说明城市间产业协同集聚存在着竞争性，邻近城市制造业与生产性服务业协同集聚会导致本城市包括劳动力在内的要素外流，从而抑制城市产业优化升级。制造业与生产性服务业协同集聚的非均衡性，导致城市间产业优化升级存在差异性同时产生空间集聚，由此导致长三角洲地区城市间产业升级水平存在着空间差异性。

（2）产业协同集聚对产业结构升级的影响存在门槛效应。通过产业协同集聚对长三角城市群产业结构升级的门槛效应分析，发现在制造业区位熵、生产性服务业区位熵、城市化水平、对外开放以及政府干预的约束下，制造业与生产性服务业协同集聚对产业结构升级的影响确实存在非线性关系。

第四，长三角城市群制造业与生产性服务业协同集聚对地区收入差距的影响存在空间效应和门槛效应。

（1）产业协同集聚对地区收入差距的影响存在空间效应。通过实证检验发现，制造业与生产性服务业协同集聚对长三角城市群地区收入差距存在空间溢出效应。直接效应显著为负，说明制造业与生产性服务业协同集聚会缩小本地区收入差距；间接效应显著为负，表明随着城市制造业与生产性服务业协同集聚的提升，有助于缩小邻近城市的收入差距。在直接效应和间接效应的共同作用下，城市制造业与生产性服务业协同集聚能够缩小地区收入差距。从分行业来看，交通运输、仓储和邮政业，信息传输、计算机服务和软件业，科学研究、技术服务和地质勘查业与制造业的协同集聚对地区收入差距的直接效应和间接效应均显著为负，但是影响程度存在一定差异。

（2）产业协同集聚对地区收入差距的影响存在门槛效应。通过产业协同集聚对长三角城市群地区收入差距的门槛效应分析，发现随着城市规模的扩大、城市化水平的提高以及就业密度的增加，制造业与生产性服务业协同集聚对地区收入差距的影响系数由负转为正，说明在城市规模、城市化水平以及就业密度的约束下，产业协同集聚对地区收入差距呈现扩大趋势。

第二节 政策建议

一 合理推进"双轮驱动"战略，增强中心城市的协调带动作用

根据长三角城市群产业协同集聚指数的变化趋势来看，生产性服务业与制造业协同集聚指数由相对较高水平开始回落，各城市之间产业协同集聚指数存在较大差距。上海、南京、杭州作为长三角地区的中心城市，产业协同集聚指数呈现下降趋势，但这些城市更加注重优先发展生产性服务业，不断提升产业专业化水平。合肥、安庆、滁州、宣城、马鞍山等西部城市的产业协同集聚指数不断上升且协同集聚指数相对较大，这些城市的制造业与生产性服务业专业化水平相对比较接近，产业之间处于均衡发展的状态。而苏州、嘉兴、无锡、宁波等东部城市，以制造业为主导产业的非均衡产业发展模式导致了协同集聚水平相对较低。因此，长三角城市群各级政府在推动"双轮驱动"发展模式的过程中，应该积极引导制造业与生产性服务业的合理布局。当地政府应该对所在城市制造业与生产性服务业的专业化集聚水平进行评估测算，在此基础上掌握产业协同集聚水平及其空间形态，科学预测产业协同集聚未来发展趋势。以此为基础，应该根据各产业细分行业以及城市要素禀赋、经济状况的差异性，采取差异化的产业集聚发展政策，在产业布局上

第七章 主要结论与政策建议

应该避免陷入盲目追求集聚度的误区。政府的产业布局战略不应纠结于均衡抑或非均衡思维,以营造生产性服务业与制造业发展的共生关系作为发展重点,推进产业空间协同集聚,充分发挥产业链、市场链和空间链的链式协同效应和涓滴效应。

长三角城市群应坚持产业错位发展的空间模式,充分发挥中心城市的协调带动作用。上海、杭州等作为长三角地区的中心城市经济发展水平达到了较高层次,应该积极实现从要素集聚功能向产业协调功能的转变,充分发挥技术溢出效应、产业关联效应和经济带动效应,与外围城市形成"中心—外围"产业梯度发展格局。应积极推动生产性服务业在中心城市集聚发展,生产性服务业作为价值链中高附加值的行业,其自身所具有的知识密集型特征有利于推动中心城市的产业升级,推动劳动密集型制造业由中心城市向外围城市扩散。例如,上海应该通过承接国际生产性服务外包和生产性服务 FDI,吸引研发中心、管理中心、投资中心等,积极发展高端生产性服务业,不仅满足上海本地经济发展的需要,还应该进一步辐射江苏、浙江、安徽。南京、杭州、苏州等中心城市应该利用在科技、信息服务业等方面所具有的比较优势,寻找生产性服务业的发展空间,与上海实行错位发展,并且促进生产性服务业与制造业的协同发展,建成具有特色的产业集群。其他外围城市则应发挥本地的比较优势,将不符合发展规划的制造业向外转移,通过引导资金、高技术人才等优质要素向先进制造业企业集聚,打造世界级的先进制造业基地。产业协同集聚发展本身就包含着集聚效应和辐射效应,而中心城市和外围城市的关系就是由集聚效应为主转变为扩散效应为主,从而形成不同规模城市之间相互促进、相互依存的良性空间布局。长三角城市群应该进一步消除城际经济活动存在的人为障碍,利用便利的基础交通设施增强城市之间的联动发展,扩大城市之间的经济辐射范围。

二 转变经济发展方式,缓解产业协同集聚的拥挤效应

从实证结果来看,制造业与生产性服务业协同集聚对长三角城

市群经济增长的直接效应和间接效应均为负,且直接效应显著。说明长三角城市群各城市自身的产业协同集聚不仅对自身经济增长产生了显著的抑制作用,也对周边城市经济增长产生了抑制作用。大量的既有研究表明长三角城市群已出现了明显的过度集聚,从而产生拥挤效应,这表明本书从产业协同集聚角度得出的结论与其是相吻合的。因此,长三角城市群应积极探索转变经济发展方式的途径,从而缓解长三角城市群过度拥挤所产生的问题。

长三角城市群内规模较大且经济发达的中心城市,应通过经济转型实现经济发展,疏散过度集聚产生的拥挤效应。利用人才、资金集聚优势,致力于发展知识密集型、高附加价值的生产性服务业。充分利用市场优势,努力形成外围城市制造业的专业服务地区,有效减少拥挤效应对城市经济增长的负面影响。借助产业转移的途径,将对土地、交通、资源等依赖性较强的低端制造业转移出去,着力发展知识技术密集型的高端制造业,缓解大城市乃至超大城市的过度拥挤。

对于城市群内部城市规模相对小的外围城市,应该注重提高制造业专业化水平,为企业发展提供更良好的市场环境和制度环境,通过利用中心城市生产性服务业推动制造业升级。根据国家发展战略,积极承接中心城市的产业转移,制定相应的政策措施,引进人才、资金,打造中心城市的生产基地或研发基地,与中心城市形成良性互动,从而实现跨越式发展,缩小区域发展差异。

三 进一步发挥产业协同集聚效应,促进产业升级

从实证结果来看,当所在城市制造业和生产性服务业集聚程度较低,或所在城市城市化水平低,或所在城市政府预算支出较低,其产业协同集聚不利于产业升级。其原因在于:产业分工不足、交易成本过高以及外部环境不佳。同时,研究还发现制造业与生产性服务业协同集聚有助于本地产业升级,但对周边城市的产业升级产生负向作用,这在一定程度上反映了长三角城市群存在产业同构的现象。相邻城市的产业同构问题应该加以辨证的对待,由于产业集

第七章
主要结论与政策建议

聚的形成依赖于相似产业间共享的劳动力、技术和中间产品，因而一定区域范围内的产业同构可以通过对内部竞争进行合理的引导，从而转变为形成产业集聚的有利条件。而要充分发挥产业协同集聚对产业结构升级的促进效应，抑制产业协同集聚的负向溢出效应，可以从产业集聚间分工加以思考。

所谓产业集聚间分工，就是以价值链空间分布的离散化和网络化为导向的产业集聚的重新组合现象。随着区域一体化和产业集聚的发展，长三角城市群集聚产业已经发生了价值链的空间离散化布局，如江浙地区的制造业企业在服务业发达的上海扩展其价值链，而上海将本地企业中的制造环节迁往制造业发达的江浙地区。因此，长三角城市群应该积极推进产业集聚间分工，也就是通过集聚区内的企业跨区域协同发展，使溢出效应在空间上形成产业集聚间的专业化分工，要素流动和信息交换速度得以加快，原有产业集聚的优势重新整合，形成产业关联更为紧密的"集聚束"，从而优化资源在空间上的有效配置。地方政府应该注重优化产业空间布局，对所在城市制造业与生产性服务业专业化集聚情况进行全面了解和评估，以市场机制为产业集聚分工基础，依托各城市的比较优势与发展基础引导产业向优势地区集中。同时，长三角城市群应该积极推进区域经济一体化进程，注重加强市场一体化发展机制，实现城市间要素和产品流动的无障碍流动，发挥市场在资源配置中的决定性作用，鼓励集聚区内企业在市场机制的作用下进行产业链布局和空间布局。制定城市协调发展规划、完善跨区域基础设施网络建设，降低交易成本和运输成本，为产业集聚分工创造良好的外部条件。

四　充分发挥产业协同集聚效应，缩小地区收入差距

通过实证分析发现，产业协同集聚对地区收入差距作用显著，而且从行业差异来看，当交通运输、仓储和邮政业与制造业，或信息传输、计算机服务和软件业与制造业，或科学研究、技术服务和地质勘查业与制造业协同集聚时，对地区收入差距的直接效应和间

接效应均显著为负。因此,需要将缩小收入分配差距纳入政府政绩考核的内容。改革开放以来,效率优先、兼顾公平的发展方式有效激发了长三角社会生产创造活力,人们的收入水平不断提高,但是在综合因素作用下,也扩大了收入分配差距,"以 GDP 为核心"的约束性考核标准导致经济发展与社会发展及民生改善相脱节。在转变发展方式的新阶段,将缩小居民收入差距等民生问题纳入政府考核体系,有助于引起地方政府更加关注民生和社会福利。

产业协同集聚溢出效应的实现,总是以要素流动为载体,长三角城市群应该积极疏导溢出传导路径,除了要积极推动市场一体化进程,消除限制生产要素自由流动的机制体制障碍,充分发挥市场机制有效配置资源的作用之外,还应该积极推进区域交通一体化,完善交通、信息等基础设施的建设,推进基础设施的共建共享,例如环长三角地区四通八达的城际高铁建设,显著降低要素流动的成本,便于人才、资金、技术的流动,提高资源置及经济效率。除了硬件的基础设施建设,还应该注重软件的基础设施建设,推进区域制度政策一体化,继续推进户籍制度改革,放开对二、三类城市的户籍管理,实现人口的相对自由流动,逐步实现社会保障福利与户籍的脱钩,完善地区之间社会保险的并轨与接续,解决医保卡、养老机制的互联互通。

深化教育体制改革,提高人力资本质量。长三角地区人力资本总体水平高于全国,但是长三角内部各省市人力资本存在一定差异性,上海人力资本优势最明显,其次是江苏、浙江、安徽。积极推动长三角区域高等教育一体化,依据相邻城市高等教育资源的互补性,以市场机制为主导进行跨区域合作,进一步贯彻实施《中国教育2035》,促进人才培养与区域产业链、创新链的紧密衔接。长三角应进一步深化教育体制改革,加大对高等职业教育领域的关注度和投入力度,加大对职业教育办学硬件和软件的投入,积极推进高等职业教育院校、科研机构与企业之间的"产学研"联系。大力倡导以市场需求为导向,为制造业和服务业发展提供强大的人力资源支撑。

第七章 主要结论与政策建议

第三节 研究展望

我国产业结构将由制造业单一驱动向制造业与服务业双向驱动转换的背景下,本书以长三角城市群为研究对象,对制造业与生产性服务业协同集聚的经济增长效应、产业结构升级效应、地区收入差距效应进行了实证研究,验证了产业协同集聚具有推动产业升级以及改善民生的重要潜质,但也得出产业协同集聚在拥挤效应的作用下抑制长三角城市群经济增长的结论。通过上述研究分析,认为必须合理推进双轮驱动战略,转变经济发展方式,缓解产业协同集聚的拥挤效应,转化产业协同集聚对经济增长的消极效应。同时,积极推进长三角区域一体化,消除阻碍要素自由流动的各种人为障碍,疏导产业协同集聚的溢出传导路径,加快产业升级、缩小地区收入差距,充分发挥产业协同集聚的积极效应。

鉴于国内对产业协同集聚的研究仅处于起步阶段,本书只是近一阶段学术思想和认识的总结,而且限于笔者的研究能力,本书仍然存在诸多不足,这也是以后深入研究的方向。第一,本书主要通过实证分析方法探究了生产性服务业与制造业协同集聚的经济效应,但是在研究产业协同集聚经济效应的理论模型方面还较为欠缺,尽管本书也在理论研究上进行了尝试,但远远不足。因此,笔者将继续在理论模型构建与研究方面做出努力,探寻严谨且具有一般意义的理论模型,更好地反映产业协同集聚推动经济发展质量的核心动力机制,希望能从产业协同集聚视角对我国经济发展研究做出创新性理论探索。第二,受限于数据的可获性,研究主要是从产业整体层面进行了实证分析并提出相应的政策建议,若能将研究样本更加细化,基于制造业与生产性服务业的细分行业以及企业微观数据展开研究,将会使本书的结论及政策建议更加具有支撑力与说服力。因此,将进一步搜集更加翔实的数据资料,并通过调查研究与案例分析，使本书更具有现实实践意义。第三，本书对产业协同集聚的经济增长效应、产业结构升级效应、收入分配效应进行了研究，除此之外关于产业协同集聚的就业效应、技术创新效应等是今后进一步深入研究的方向。

参考文献

J. 保罗·埃尔霍斯特：《空间计量经济学：从截面数据到空间数据》，肖光恩译，北京大学出版社 2015 年版。

毕学成等：《产业集聚背景下制造业省内转移过程与机理》，《河海大学学报》（哲学社会科学版）2018 年第 3 期。

蔡武、陈望远：《基于空间视角的城乡收入差距与产业集聚研究》，《华东经济管理》2012 年第 5 期。

蔡武等：《集聚空间外部性、城乡劳动力流动对收入差距的影响》，《产业经济研究》2013 年第 2 期。

常素欣：《市场潜能、非农就业密度与区域工资差异》，《商业研究》2016 年第 9 期。

常远、吴鹏：《产业集聚对收入分配的影响机制与效应差异分析》，《产经评论》2018 年第 6 期。

陈得文、苗建军：《空间集聚与区域经济增长内生性研究——基于 1995—2008 中国省域面板数据分析》，《数量经济技术经济研究》2010 年第 9 期。

陈国亮、陈建军：《产业关联、空间地理与二三产业共同集聚——来自中国 212 个城市的经验考察》，《管理世界》2012 年第 4 期。

陈建军、陈菁菁：《生产性服务业与制造业的协同定位研究——以浙江省 69 个城市和地区为例》，《中国工业经济》2011 年第 6 期。

陈建军、胡晨光：《产业集聚的集聚效应——以长江三角次区域为例的理论和实证分析》,《管理世界》2008 年第 8 期。

陈建军等:《产业集聚间分工和地区竞争优势》,《中国工业经济》2009 年第 3 期。

陈建军等:《市场潜能、协同集聚与地区工资收入——来自中国 151 个城市的经验考察》,《南开学报》2016 年第 1 期。

陈晓峰:《长三角生产性服务业空间集聚与城市经济增长》,《南通大学学报》2015 年第 6 期。

陈晓峰:《长三角制造业空间集聚与配置效率改进》,《南通大学学报》(社会科学版) 2017 年第 1 期。

陈晓峰:《生产性服务业与制造业的协同集聚效应分析——以长三角地区为例》,《城市问题》2016 年第 12 期。

陈晓峰:《生产性服务业与制造业互动融合:特征分析、程度测算及对策设计——基于南通投入产出表的实证分析》,《华东经济管理》2012 年第 12 期。

陈晓峰:《生产性服务业与制造业协同集聚的机理及效应——理论分析与经验求证》,博士学位论文,苏州大学,2013 年。

陈晓峰、陈昭锋:《生产性服务业与制造业协同集聚的水平及效应——来自中国东部沿海地区的经验证据》,《财贸研究》2014 年第 2 期。

陈子真等:《生产者服务业与制造业协同集聚、空间溢出与区域创新》,《商业研究》2018 年第 5 期。

程艳、高君杰:《工业集聚、市场潜力与地区收入差距——基于全国省际面板数据的分析》,《浙江社会科学》2014 年第 12 期。

程中华:《城市制造业与生产性服务业的空间关联与协同定位》,《中国科技论坛》2016 年第 5 期。

楚明钦:《长三角产业区域分工与合作——基于生产性服务业与装备制造业融合的研究》,《中南财经大学学报》2016 年第 1 期。

崔向林、罗芳:《"互联网+"背景下上海市生产性服务业与制造业协调发展研究》,《上海经济研究》2017 年第 11 期。

参考文献

邓若冰、刘颜：《工业集聚、空间溢出与区域经济增长——基于空间面板杜宾模型的研究》，《经济问题探索》2016年第1期。

邓向荣、刘文强：《金融集聚对产业结构升级作用的实证分析》，《南京社会科学》2013年第10期。

邓新波：《产业集聚与中国制造业区域转移——基于新经济地理学分析》，《国际经济合作》2013年第12期。

豆建民、刘叶：《生产性服务业与制造业协同集聚是否能促进经济增长——基于中国285个地级市的面板数据》，《现代财经》2016年第4期。

杜伟等：《人力资本推动经济增长的作用机制研究》，《中国软科学》2014年第8期。

段杰、阎小培：《粤港生产性服务业合作发展研究》，《地域研究与开发》2003年第3期。

段荣荣：《生产性服务业与制造业协同集聚的空间计量》，《中国科技论坛》2014年第2期。

范爱军、刘伟华：《实体资本跨国流动对东道国行业工资趋同化的影响》，《管理世界》2011年第5期。

范承泽等：《FDI对国内技术创新影响的理论与实证研究》，《经济研究》2008年第1期。

范剑勇：《产业集聚与地区间劳动生产率差异》，《经济研究》2006年第11期。

范剑勇、谢强强：《地区间产业分布的本地市场效应及其对区域协调发展的启示》，《经济研究》2010年第4期。

冯伟、李嘉佳：《中国制造业价值链攀升的影响因素研究——理论假说与实证分析》，《产业经济评论》2018年第5期。

付才辉：《产业结构变迁中的二元经济——分析中国的不均等与增长趋势》，《产业经济研究》2014年第5期。

傅元海等：《制造业结构变迁与经济增长效率提高》，《经济研究》2016年第8期。

甘丽娟：《中国城市生产性服务业与制造业协同集聚的测度及影响因素》，《中国科技论坛》2015年第12期。

高传胜、刘志彪：《生产者服务与长三角制造业集聚和发展——理论、实证与潜力分析》，《上海经济研究》2005年第8期。

高春亮、乔均：《长三角生产性服务业空间分布特征研究》，《产业经济研究》2009年第6期。

高峰、刘志彪：《产业协同集聚：长三角经验及对京津冀产业发展战略的启示》，《河北学刊》2008年第1期。

高丽娜、卫平：《中国高端制造业空间结构变动的实证研究：2003—2009》，《工业技术经济》2012年第1期。

高连水：《什么因素在多大程度上影响了居民地区收入差距水平——基于1987—2005年省际面板数据的分析》，《数量经济技术经济研究》2011年第1期。

顾乃华：《对外开放门槛与服务业的外溢效应——基于省级面板数据的实证检验》，《当代经济科学》2010年第6期。

官卫华、陈雯：《大都市现代服务业空间组织机理研究——以南京为例》，《地理科学进展》2013年第3期。

郭怀英等：《上海服务业与制造业融合发展调研》，《宏观经济管理》2014年第1期。

韩德超、张建华：《中国生产性服务业发展的影响因素研究》，《管理科学》2008年第6期。

韩峰等：《生产性服务业集聚、空间技术溢出效应与经济增长》，《产业经济研究》2014年第2期。

韩峰等：《生产性服务业推进城市化了吗？》，《数量经济技术经济研究》2014年第12期。

韩明华：《生产性服务业促进产业结构优化升级研究——以宁波制造业转型为例》，《经济体制改革》2010年第4期。

韩庆潇等：《中国制造业集聚与产业升级的关系——基于创新的中介效应分析》，《研究与发展管理》2015年第6期。

郝凤霞等：《FDI 流入对我国产业所处全球价值链位置的作用研究》，《工业工程与管理》2016 年第 1 期。

郝永敬、程思宁：《长江中游城市群产业集聚、技术创新与经济增长——基于异质产业集聚与协同集聚视角》，《工业技术经济》2019 年第 1 期。

赫希曼：《经济发展战略》，曹征海、潘照东译，经济科学出版社 1991 年版。

洪娟、廖信林：《长三角城市群内制造业集聚与经济增长的实证研究——基于动态面板数据一阶差分广义矩方法的分析》，《中央财经大学学报》2012 年第 4 期。

洪银兴等：《长三角一体化新趋势》，《上海经济》2018 年第 3 期。

侯丁、郭彬：《要素集聚下金融发展与产业结构升级的非线性关系》，《管理现代化》2017 年第 5 期。

侯学钢：《上海城市工业转变与地域空间结构优化》，《城市规划》1997 年第 4 期。

胡晓鹏：《产业共生：理论界及其内生机理》，《中国工业经济》2008 年第 9 期。

胡晓鹏、李庆科：《生产性服务业与制造业共生关系研究——对苏、浙、沪投入产出表的动态比较》，《改革》2009 年第 2 期。

胡艳、朱文霞：《基于生产性服务业的产业协同集聚效应研究》，《产经评论》2015 年第 2 期。

胡尊国等：《劳动力流动、协同集聚与城市结构匹配》，《财经研究》2015 年第 12 期。

黄日福、陈晓红：《FDI 与产业结构升级：基于中部地区的理论及实证研究》，《管理世界》2007 年第 3 期。

慧宁、周晓唯：《分项生产性服务业集聚与产业升级——来自省级经济数据的实证分析》，《西北大学学报》（哲学社会版）2016 年第 4 期。

◇ 产业协同集聚的经济效应研究

吉亚辉等：《我国生产性服务业与制造业的相关性研究》，《软科学》2012年第3期。

纪玉俊等：《服务业集聚、对外开放与地区经济增长——基于我国231个城市的门限回归模型检验》，《产经评论》2015年第1期。

贾妮莎、韩永辉：《外商直接投资、对外直接投资与产业结构升级——基于非参数面板模型的分析》，《经济问题探索》2017年第2期。

简晓斌、陈伟博：《生产性服务业发展与制造业价值攀升——以江苏为例》，《华东经济管理》2016年第7期。

江静、刘志彪：《商务成本：长三角产业分布新格局的决定因素考察》，《上海经济研究》2006年第11期。

江静等：《生产者服务业发展与制造业效率提升：基于地区和行业面板数据的经验分析》，《世界经济》2007年第8期。

江曼琦、席强敏：《生产性服务业与制造业的产业关联与协同集聚》，《南开学报》（哲学社会科学版）2014年第1期。

蒋海兵等：《杭州生产性服务业的时空格局演变》，《经济地理》2015年第9期。

接玉芹：《江苏沿江经济带FDI与产业集聚互动关系研究》，《财经问题研究》2016年第10期。

金春雨、程浩：《环渤海城市制造业集聚的经济增长溢出效应与拥挤效应——基于面板门限模型的实证分析》，《经济问题探索》2015年第6期。

金春雨等：《制造业集聚外部性与经济增长非线性关系实证分析——基于面板平滑迁移模型》，《学习与探索》2015年第12期。

靳卫东：《人力资本与产业结构转化的动态匹配效应——就业、增长和收入分配问题的评述》，《经济评论》2010年第6期。

靖学青：《长三角地区制造业转移与集聚分析》，《南京社会科学》2010年第3期。

柯善咨、姚德龙：《工业集聚与城市劳动生产率的因果关系和决定因素——中国城市的空间计量经济联立方程分析》，《数量经济技术经济研究》2008年第12期。

柯善咨、赵曜：《产业结构、城市规模与中国城市生产率》，《经济研究》2014年第4期。

黎日荣、周政：《生产性服务业集聚一定会提升制造业的生产效率吗？——来自微观企业的证据》，《产经评论》2017年第6期。

李刚：《上海装备制造业产业集聚发展的特征研究——基于一项调查问卷的分析》，《上海经济研究》2012年第11期。

李佳洺、张文忠等：《基于微观企业数据的产业空间集聚特征分析——以杭州市区为例》，《地理研究》2016年第1期。

李君华：《学习效应、拥挤性、地区的分工和集聚》，《经济学（季刊）》2009年第3期。

李骏等：《产业集聚、技术学习成本与区域经济增长——以中国省际高技术产业为例》，《软科学》2018年第4期。

李蕾：《长三角地区制造业的转型升级以及地区专业化与协同发展研究》，《上海经济研究》2016年第4期。

李世杰等：《转轨期中国的产业集聚演化：理论回顾、研究进展及探索性思考》，《管理世界》2014年第4期。

李晓钟、张小蒂：《江浙基于FDI提高区域技术创新能力的比较》，《中国工业经济》2007年第12期。

李昱：《生产性服务业与制造业的集聚互动性研究》，博士学位论文，浙江财经大学，2015年。

李政等：《FDI抑制还是提升了中国区域创新效率》，《经济管理》2017年第4期。

李子叶等：《我国生产性服务业集聚对经济增长方式转变的影响》，《经济管理》2015年第12期。

梁丰、程均丽：《地方政府行为、金融发展与产业结构升级》，《华东经济管理》2018年第11期。

梁红艳、王健：《中国生产性服务业与制造业的空间关系》，《经济管理》2012年第11期。

梁琦、詹亦军：《专业地方化、技术进步与产业升级：来自长三角的证据》，《经济理论与经济管理》2006年第1期。

林秀梅、曹张龙：《生产性服务业空间集聚对产业结构升级影响的非线性特征——基于中国省级面板数据的实证研究》，《经济问题探索》2018年第6期。

林毅夫：《新结构经济学——重构发展经济学的框架》，《经济学（季刊）》2011年第1期。

刘军等：《产业集聚对城乡居民差距的影响》，《农村经济》2015年第5期。

刘军跃等：《生产性服务业与装备制造业共生关系研究——基于全国31省市的耦合协调度分析》，《湖南科技大学》（社会科学版）2013年第4期。

刘明宇等：《生产性服务业价值链嵌入与制造业升级的协同演进关系研究》，《中国工业经济》2010年第8期。

刘乃全等：《专业化集聚、多样化集聚对区域创新效率的影响》，《经济问题探索》2016年第2期。

刘沛、黎齐：《金融集聚对产业结构提升的空间外溢效应研究——以广东省为例》，《科技管理研究》2014年第10期。

刘倩倩等：《中国城市市政基础设施投资效率及对经济增长的影响》，《金融评论》2017年第9期。

刘涛：《我国制造业转移的省际次序、影响及原因》，《郑州大学学报》（哲学社会科学版）2017年第5期。

刘小铁：《产业集聚度越高对产业成长及经济发展越有利吗？——基于江苏制造业实证的思考》，《江西社会科学》2015年第12期。

刘修岩：《集聚经济与劳动生产率：基于中国城市面板数据的实证研究》，《数量经济技术经济研究》2009年第7期。

刘修岩、殷醒民：《空间外部性与地区工资差异：基于动态面板数据的实证研究》，《经济学（季刊）》2009 年第 1 期。

刘修岩等：《集聚与地区经济增长：基于中国地级城市数据的再检验》，《南开经济研究》2012 年第 3 期。

刘叶、刘伯凡：《生产性服务业与制造业协同集聚对制造业效率的影响——基于中国城市群面板数据的实证研究》，《经济管理》2017 年第 6 期。

刘志彪等：《服务业驱动长三角》，中国人民大学出版社 2012 年版。

柳剑平、程时雄：《中国 R&D 投入对生产率增长的技术溢出效应——基于工业行业的实证研究》，《数量经济技术经济研究》2011 年第 11 期。

卢方元、靳丹丹：《我国 R&D 投入对经济增长的影响——基于面板数据的实证分析》，《中国工业经济》2011 年第 3 期。

卢飞等：《产业集聚、工资溢价与经济增长》，《西南民族大学学报》（人文社科版）2017 年第 8 期。

陆剑宝：《基于制造业集聚的生产性服务业协同效应研究》，《管理学报》2014 年第 3 期。

路江涌、陶志刚：《中国制造业区域集聚及国际比较》，《经济研究》2006 年第 3 期。

罗军：《服务化发展与制造业全球价值链地位——影响机制与门槛效应》，《当代财经》2018 年第 11 期。

罗勇、曹丽莉：《中国制造业集聚程度变动趋势实证研究》，《经济研究》2005 年第 8 期。

麻昌港、蒋伏心：《经济集聚与我国收入差距研究》，《上海经济研究》2013 年第 7 期。

马国霞等：《中国制造业产业间集聚及产业间集聚》，《管理世界》2007 年第 8 期。

马卫红、黄繁华：《生产者服务业与制造业的互动发展与行业差异——基于长三角地区的实证研究》,《上海经济研究》2012 年第 5 期。

迈克尔·波特:《国家竞争优势》,中信出版社 2012 年版。

米展、郑垂勇:《财政研发投入对经济增长的影响研究》,《科学管理研究》2018 年第 4 期。

缪尔达尔:《经济理论和不发达地区》,商务印书馆 1957 年版。

倪进峰、李华:《产业集聚、人力资本与区域创新——基于异质产业集聚与协同集聚视角的实证研究》,《经济研究探索》2017 年第 12 期。

潘斌、彭震伟:《产业融合视角下城市工业集聚区的空间转型机制——基于上海市的三个案例分析》,《城市规划学刊》2015 年第 2 期。

裴长虹、彭磊:《中国流通领域改革开放回顾》,《中国社会科学》2008 年第 6 期。

彭亮、肖明辉:《生产性服务业与制造业协同集聚的多点多极支撑效应分析》,《企业经济》2017 年第 9 期。

钱龙、叶俊焘:《要素市场化如何影响城乡收入差距——基于省级面板数据的实证分析》,《中国农业大学学报》2017 年第 7 期。

乔彬等:《企业技术创新效率、科技成果转化率与区域收入差距》,《软科学》2016 年第 10 期。

秦黎、章文光:《我国产业转型升级中政府的角色定位》,《经济纵横》2018 年第 8 期。

邱晓东等:《生产性服务业集聚与耦合测度及动态效应分析——基于长三角 16 个核心城市动态面板数据的广义矩法估计》,《云南财经大学学报》2015 年第 6 期。

任喜萍:《基于 DEA 方法的我国城市基础设施投资效率评价研究》,《经济体制改革》2017 年第 5 期。

桑瑞聪、岳中:《泛长三角区域内产业分工与产业转移——来自四省一市的经验研究》,《经济与管理研究》2011 年第 9 期。

邵文武等:《要素流动、产业集聚与产业演化》,《科技管理研究》2017年第10期。

沈桂龙、宋方钊:《FDI对中国收入分配差距的影响及对策——基于多维变量基础上的实证研究》,《世界经济研究》2011年第10期。

沈坤荣、耿强:《外国直接投资、技术溢出与内生经济增长》,《中国社会科学》2001年第5期。

沈能等:《生产要素拥挤与最优集聚度识别——行业异质性的视角》,《中国工业经济》2014年第5期。

盛丰:《生产性服务业集聚与制造业升级:机制与经验——来自230个城市数据的空间计量分析》,《产业经济研究》2014年第2期。

施冬健、张黎:《城市的集聚与扩散效应》,《商业研究》2006年第5期。

宋勇超、朱延福:《外商投资、市场分割与收入差距——基于我国省级面板数据的经验研究》,《商业经济与管理》2013年第10期。

苏波:《深入推进制造业高质量发展 坚定不移建设制造强国》,新浪财经网,https://finance.sina.com.cn/roll/2019-03-08/doc-ihsxncvh0851247.shtml,2019年3月11日。

苏明、刘志彪:《全球价值链视野下的中国产业发展》,《南京社会科学》2014年第8期。

孙海波等:《人力资本集聚对产业结构升级影响的非线性特征》,《经济科学》2017年第2期。

孙慧、朱俏俏:《中国资源型产业集聚对全要素生产率的影响研究》,《中国人口·资源与环境》2016年第1期。

孙晶、李涵硕:《金融集聚与产业结构升级——来自2003—2007年省际经济数据的实证分析》,《经济学家》2012年第3期。

孙久文等:《"城市病"对城市经济效率损失的影响——基于中

国 285 个地级市的研究》,《经济与管理研究》2015 年第 3 期。

孙浦阳、武力超、张伯伟:《空间集聚是否总能促进经济增长:不同假定条件下的思考》,《世界经济》2011 年第 10 期。

孙浦阳等:《产业集聚对劳动生产率的动态影响》,《世界经济》2013 年第 3 期。

孙湘湘、周小亮:《服务业结构变迁与经济增长效率》,《经济与管理研究》2017 年第 8 期。

覃一冬、张先锋:《空间集聚会扩大地区收入差距吗?》,《当代财经》2014 年第 5 期。

唐荣、顾乃华:《上游生产性服务业价值链嵌入与制造业资源错配改善》,《产业经济研究》2018 年第 3 期。

唐晓华等:《制造业与生产性服务业协同发展对制造业效率影响的差异性研究》,《数量技术经济研究》2018 年第 3 期。

唐钰岚:《国际化大都市与生产性服务业集聚》,《世界经济与政治》2004 年第 11 期。

陶爱萍、徐君超:《金融发展与产业结构升级非线性关系研究——基于门槛模型的实证检验》,《经济经纬》2016 年第 2 期。

陶长琪、彭永樟:《经济集聚下技术创新强度对产业结构升级的空间效应分析》,《产业经济研究》2017 年第 3 期。

陶长琪、周璇:《产业融合下的产业结构优化升级效应分析——基于信息产业与制造业耦联的实证研究》,《产业经济研究》2015 年第 3 期。

藤田昌久、雅克－弗朗斯瓦·蒂斯:《集聚经济学——城市、产业区位与区域增长》,西南财经大学出版社 2004 年版。

汪彩君、邱梦:《规模异质性与集聚拥挤效应》,《科研管理》2017 年第 1 期。

汪彩君、唐根年:《长江三角洲地区制造业空间集聚、生产要素拥挤与集聚适度识别研究》,《统计研究》2011 年第 2 期。

汪建新:《基于产业升级的生产性服务业的区位选择研究——

以上海为例》，《理论与改革》2009年第2期。

汪彦等：《人力资本对长三角城市群区域创新影响的实证研究》，《南京社会科学》2017年第5期。

王春晖、赵伟：《集聚外部性与地区产业升级：一个区域开放视角的理论模型》，《国际贸易问题研究》2014年第4期。

王海宁、陈媛媛：《产业集聚效应与地区工资差异研究》，《经济评论》2010年第5期。

王晶晶等：《服务业集聚的动态溢出效应研究——来自中国261个地级及以上城市的经验证据》，《经济理论与经济管理》2014年第3期。

王可侠、夏琦：《工业化视角下的现代服务业发展研究》，《现代经济探讨》2015年第8期。

王丽丽：《集聚、贸易开放与全要素生产率增长——基于中国制造业行业的门槛效应检验》，《产业经济研究》2012年第1期。

王丽丽：《门槛效应、制造业地区集聚与全要素生产率增长——基于贸易开放的视角》，《财经论丛》2011年第5期。

王猛、李勇刚：《服务业集聚区影响企业绩效的机制研究——基于集聚租和政策租视角》，《产业经济研究》2007年第5期。

王如忠、郭澄澄：《全球价值链上先进制造业与生产性服务业协同发展机制：以上海市为例》，《产经评论》2018年第5期。

王瑞荣：《生产性服务业与制造业协同集聚对制造业升级的影响》，《统计与决策》2018年第4期。

王胜今等：《产业集聚对中国区域产业结构转型升级影响的实证分析》，《哈尔滨商业大学》（社会科学版）2017年第5期。

王硕：《生产性服务业区位与制造业区位的协同定位效应——基于长三角27个城市的面板数据》，《上海经济研究》2013年第3期。

王硕、郭晓旭：《垂直关联、产业互动与双重集聚效应研究》，《财经科学》2012年第9期。

王小鲁、樊纲：《中国地区差距的变动趋势和影响因素》，《经济研究》2004年第1期。

王晓硕、王维国：《经济集聚的工资效应和经济增长效应研究——基于地区收入差距及门槛回归的检验》，《统计与信息论坛》2014年第12期。

王艺明等：《中国城市全要素生产率估算与分析：2000—2013》，《经济问题》2016年第8期。

王志华、焦海霞、郑宝华：《考虑类型差异的长三角制造业结构趋同的现实考察》，《当代经济管理》2016年第12期。

魏丽华：《培育京津冀新型战略性城市群的机制探析——基于产业协同视角》，《中国流通经济》2015年第12期。

魏守华等：《本地经济结构、外部空间溢出与制造业增长：以长三角为例》，《产业经济研究》2015年第1期。

文丰庆：《生产性服务业集聚、空间溢出与质量型经济增长——基于中国285个城市的实证研究》，《产业经济研究》2018年第6期。

吴福象、曹璐：《生产性服务业集聚机制与耦合悖论分析——来自长三角16个核心城市的经验证据》，《产业经济研究》2014年第4期。

吴福象、刘志彪：《城市化群落驱动经济增长的机制研究——来自长三角16个城市的经验证据》，《经济研究》2008年第11期。

吴万宗等：《产业结构变迁与收入不平等——来自中国的微观证据》，《管理世界》2018年第2期。

吴学花、杨蕙馨：《中国制造业产业集聚的实证研究》，《中国工业经济》2004年第10期。

吴亚菲、孙淼：《长单脚城市群经济增长和产业集聚的关联效应研究》，《上海经济研究》2017年第5期。

伍先福：《生产性服务业与制造业协同集聚对全要素生产率的影响》，博士学位论文，广西大学，2017年。

伍先福、杨永德：《生产性服务业与制造业协同集聚提升了城镇化水平吗?》,《财经科学》2016 年第 11 期。

武骏骞等:《经济集聚、经济距离与农民增长:直接影响与空间溢出效应》,《经济学(季刊)》2017 年第 1 期。

西蒙·库兹涅茨:《现代经济的增长:速度、结构与扩展》,戴睿、易诚译,商务印书馆 1981 年版。

夏后学等:《非正规环境规制下产业协同集聚的结构调整效应》,《软科学》2017 年第 4 期。

夏永祥、陈群:《以集聚区带动服务业发展——苏州模式的启示与借鉴》,《经济问题探索》2011 年第 5 期。

向国成等:《研发投入提升经济发展质量的分工门槛效应研究》,《世界经济文汇》2018 年第 4 期。

肖光恩等:《空间计量经济学》,中国人民大学出版社 2015 年版。

谢芳:《浙江省生产性服务业与制造业的互动发展研究》,《中共浙江省委党校学报》2011 年第 3 期。

谢建国、丁方:《外商直接投资与中国的收入不平等——基于中国东部省区面板数据的研究》,《世界经济研究》2011 年第 5 期。

谢里、谌莹:《产业集聚与地区收入差距:一个动态均衡理论分析》,《财经理论与实践》2013 年第 6 期。

谢露露:《产业集聚和工资"俱乐部":来自地级市制造业的经验研究》,《世界经济》2015 年第 10 期。

谢乔昕:《浙江商业集聚对城乡居民收入差距影响效应研究》,《华东经济管理》2012 年第 6 期。

谢治春:《制造业集聚与城镇化推进:基于省际面板数据的空间计量分析》,《当代经济科学》2014 年第 4 期。

徐建中、李奉书:《对外贸易促进中国区域经济增长了吗?》,《管理现代化》2017 年第 2 期。

徐敏、张小林:《金融集聚、产业结构升级与城乡收入差距》,《金融论坛》2014 年第 12 期。

徐全勇:《基于VAR模型的上海市工业与服务业互动关系的实证研究》,《上海经济研究》2010年第2期。

徐现祥、梁剑雄:《经济增长目标的策略性调整》,《经济研究》2014年第1期。

徐盈之等:《威廉姆森假说:空间集聚与区域经济增长——基于中国省域数据门槛回归的实证研究》,《经济理论与经济管理》2011年第4期。

许学国等:《知识密集型服务业与先进制造业协同度分析与评价》,《科技管理研究》2017年第22期。

宣烨:《生产性服务业空间集聚与制造业效率提升——基于空间外溢效应的实证研究》,《财贸经济》2012年第4期。

雅各布斯:《城市经济学》,项婷婷译,中信出版社2007年版。

闫逢柱、乔娟:《产业集聚一定有利于产业成长吗?——基于中国制造业的实证分析》,《经济评论》2010年第5期。

闫先东、朱迪星:《基础设施投资的经济效率:一个文献综述》,《金融评论》2017年第6期。

阎大颖:《中国各地区城市化进程差异对收入分配的影响》,《上海财经大学学报》2007年第5期。

杨凤华:《生产性服务业发展与长三角北翼经济中心功能提升》,《南通大学学报》(社会科学版)2013年第2期。

杨丽花、张美娟:《美国"再工业化"及其对中国先进制造业发展的启示》,《新视野》2013年第5期。

杨仁发:《产业集聚与地区工资差距——基于我国269个城市的实证研究》,《管理世界》2013年第8期。

杨雪锋、陈曦:《服务业集聚会提高城镇化质量吗?——来自浙江的例证》,《苏州大学学报》(哲学社会科学版)2016年第2期。

杨孟禹、张可云:《服务业集聚、空间溢出与经济增长质量——基于中国省际空间面板杜宾模型的经验研究》,《财经论丛》2016年第3期。

姚先国、张海峰：《教育、人力资本与地区经济差异》，《经济研究》2008年第5期。

于斌斌：《金融集聚促进产业结构升级吗：空间溢出的视角——基于中国城市动态空间面板模型的分析》，《国际金融研究》2017年第2期。

于斌斌：《中国城市群产业集聚与经济效率差异的门槛效应研究》，《经济理论与经济管理》2015年第3期。

于斌斌、胡汉辉：《产业集群与城市化的共同演化机制：理论与实证》，《产业经济研究》2013年第6期。

于泽、徐沛东：《资本深化与我国产业结构转型》，《经济学家》2014年第3期。

余东华、张维国：《要素市场扭曲、资本深化与制造业转型升级》，《当代经济科学》2018年第2期。

余泳泽、潘妍：《中国经济高速增长与服务业结构升级滞后并存之谜——基于地方经济增长目标约束视角的解释》，《经济研究》2019年第3期。

余泳泽等：《生产性服务业集聚对制造业生产效率的外溢效应及其衰减边界——基于空间计量模型的实证分析》，《金融研究》2016年第10期。

俞立平：《金融支持、政府与企业投入对科技创新的贡献研究》，《科研管理》2015年第3期。

俞彤晖：《科技服务业集聚、地区劳动生产率与城乡收入差距》，《华东经济管理》2018年第10期。

袁纯清：《共生理论及其对小型经济的应用研究》，《改革》1998年第2期。

袁小慧等：《长三角地区制造业嵌入全球价值链的中间消耗研究》，《暨南学报》2017年第5期。

詹姆斯·勒沙杰、凯利·佩斯：《空间计量经济学导论》，肖光恩等译，北京大学出版社2013年版。

张翠菊、张宗益：《中国省域产业结构升级影响因素的空间计量分析》，《统计研究》2015年第10期。

张光南、宋冉：《中国交通对"中国制造"的要素投入影响研究》，《经济研究》2013年第7期。

张镓等：《基于多元线性回归的上海市生产性服务业和汽车产业发展的关联分析》，《上海管理科学》2012年第3期。

张军等：《中国省际物质资本存量估算：1952—2000》，《经济研究》2004年第10期。

张晓磊等：《企业的空间集聚与劳动收入份额——来自中国微观工业企业的实证》，《南开经济研究》2018年第3期。

张秀娟：《金融集聚对城乡收入差距的影响——基于省级面板数据的实证分析》，《农业技术经济》2015年第4期。

张勋等：《交通基础设施促进经济增长的一个综合框架》，《经济研究》2018年第1期。

张益丰、黎美玲：《先进制造业与生产性服务业双重集聚研究》，《广东商学院学报》2011年第2期。

张益丰等：《生产者服务业产业集聚与产业升级的有效途径——基于政府规制视角的理论阐述》，《世界经济研究》2009年第8期。

张勇：《人力资本与中国增长和转型》，《经济科学》2015年第1期。

张志彬：《生产性服务业集聚的区际差异、驱动因素与政策选择——基于京津冀、长三角和珠三角城市群的比较分析》，《经济问题探索》2017年第2期。

赵磊：《旅游产业集聚会影响地区收入差距吗？——基于中国省际面板数据的门槛回归分析》，《旅游科学》2013年第5期。

赵伟、王春晖：《区域开放与产业集聚：一个基于交易费用视角的模型》，《国际贸易问题》2013年第7期。

赵志耘、吕冰洋：《资本流动、资本供给和区域经济不平衡发展》,《中国软科学》2007年第12期。

郑长娟等:《知识密集型服务业的空间关联性及其影响因素》,《经济地理》2017年第3期。

郑江淮、戴一鑫:《长三角制造业转型升级——基于要素偏向、行业异质性与生产要素变迁的分析》,《暨南学报》2018年第5期。

郑开焰、李辉文:《福建省金融集聚效应与产业结构升级》,《福建论坛》2015年第8期。

郑敏:《长三角制造业集聚度演进态势及其特征——基于1988—2009年的实证研究》,《华东经济管理》2012年第5期。

钟晓君:《服务业外商直接投资与服务业结构升级:作用机理与实证研究》,《暨南学报》2015年第8期。

钟韵、孙健如:《中心城市生产性服务业与外围城市制造业的互动关系——基于上海与苏州的实证研究》,《经济问题探索》2015年第4期。

钟韵、阎小培:《我国生产性服务业与经济发展关系研究》,《人文地理》2003年第5期。

周茂等:《地区产业升级与劳动收入份额:基于合成工具变量的估计》,《经济研究》2018年第11期。

周明生、陈文翔:《生产性服务业与制造业协同集聚的增长效应研究——以长株潭城市群为例》,《现代经济探讨》2018年第6期。

周鹏、胡凯:《安徽生产性服务业对经济增长贡献的实证研究》,《华东经济管理》2013年第3期。

周圣强、朱卫平:《产业集聚一定能带来经济效率吗:规模效应与拥挤效应》,《产业经济研究》2013年第3期。

朱慧等:《制造业与物流业的空间共同集聚研究——以中部六省为例》,《经济地理》2015年第11期。

庄德林等:《生产性服务业与制造业协同集聚能促进就业增长吗?》,《贵州财经大学学报》2017年第5期。

卓乘风、邓峰：《创新要素区际流动与产业结构升级》，《经济问题探索》2018 年第 5 期。

Aghion, P. and Howitt, P., "A Model of Growth through Creative Destruction", *Econometric*, Vol. 60, No. 2, 1992, pp. 323 – 352.

Alonso – Villar, O. and Chamorro – Rivas, J., "How do Producer Services Affect the Location of Manufacturing Firms? The Role of Information Accessibility", *Environment and Planning A*, Vol. 33, No. 9, 2001, pp. 341 – 359.

Alonso – Villar, O. and Chamorro – Rivas, J., "How do Producer Services Affect the Location of Manufacturing Firms? The Role of Information Accessibility", *Environment and Planning A*, Vol. 33, No. 9, 2001, pp. 341 – 359.

Amiti, M., "Location of Vertically Linked Industries: Agglomeration Versus Comparative Advantage", *European Economic Review*, Vol. 49, No. 4, 2000, pp. 809 – 832.

Andersson, M., "Co – location and Manufacturing and Producer Services: A Simultaneous Equation Approach", *Working Paper Series in Economics and Institutions of Innovation*, 2004, pp. 94 – 124.

Arin, K. et al., "A Note on the Efficiency Effects of Agglomeration Economies: Turkish Evidence", *Journal of Reviews on Global Economics*, No. 3, 2014, pp. 186 – 189.

Baldwin, R. et al., "Global Income Divergence, Trade and Industrialization: The Geography of Growth Take – offs", *Journal of Economic Growth*, No. 6, 2001, pp. 5 – 37.

Barro, R. J., "Economic Growth in a Cross Section of Countries", *Quarterly Journal of Economics*, Vol. 106, No. 2, 1991, pp. 407 – 443.

Borensztein, E. et al., "How does Foreign Direct Investment Affect Economic Growth", *Journal of International Economics*, No. 1, 1998, pp. 115 – 135.

Brakman, S. et al., "Negative Feedbacks in the Economy and Industrial Location", *Journal of Regional Science*, No. 4, 1996, pp. 631 – 651.

Broersma, L. and Oosterhaven, J., "Regional Labor Productivity in the Netherlands: Evidence of Agglomeration and Congestion Effects", *Journal of Regional Science*, Vol. 69, No. 3, 2009, pp. 483 – 511.

Browing, H. L. and Singelmann, J., *The Emergence of a Service Society: Demographic and Sociological Aspects of the Sector Transformation of the Labor Force in the U.S.A.*, Washington D.C.: U.S. Department of Labor Manpower Adiministration Office of Research and Development, 1975, p. 79.

Brulhart, M. and Sbergami, F., "Agglomeration and Growth: Cross – country Evidence", *Journal of Urban Economics*, Vol. 65, No. 1, 2009, pp. 48 – 63.

Cainelli, G. and Leoncini, R., "Externalities and Long – term Local Industrial Development: Some Empirical Evidence from Italy", *Revue D' economie Industrielle*, Vol. 90, No. 1, 1998, pp. 25 – 39.

Ciccone, A. and Hall, R. E., "Productivity and the Density of Economic Activity", *American Economic Review*, Vol. 86, No. 1, 1996, pp. 54 – 70.

Ciccone, A. and Papaioannou, E., "Human Capital, the Structure of Production and Growth", *The Review of Economics and Statistics*, Vol. 91, No. 1, 2008, pp. 66 – 82.

Daniels, P. W., *Services Industries: A Geographical Appraisal*, London: Methuen, 1982, pp. 1 – 16.

Devereux, M. P. et al., "The Geographic Distribution of Production Activity in the UK", *Regional Science and Urban Economics*, Vol. 34, No. 5, 2004, pp. 533 – 564.

Duranton, G. and Puga, D., "Micro – foundations of Urban Agglomeration Economies", *Handbook of Regional and Urban Economics*, Vol. 56, No. 3, 2004, pp. 2063 – 2117.

  Ellison, G. et al., "What Causes Industry Agglomeration? Evidence from Co – agglomeration Patterns", *American Economic Review*, Vol. 100, No. 3, 2010, pp. 1195 – 1213.

  Ellison, G. and Glaeser, E. L, " Geographic Con – centration in U. S. Manufacturing Industries: A Dartboard Approach", *Journal of Political Economy*, Vol. 105, 1997, pp. 889 – 927.

  Faber, B., "Trade Integration, Market Size, and Industrialization: Evidence from China's National Trunk Highway", *The Review of Economic Studies*, Vol. 81, No. 3, 2014, pp. 1046 – 1070.

  Forslid, R. and Midelfart, K. H., "Internationalisation, Industrial Policy and Clusters", *Journal of International Economics*, Vol. 66, No. 1, 2005, pp. 197 – 213.

  Fujita, M. and Mori, T., "The Role of Ports in the Making of Major Cities: Self – agglomeration and Hub – effect", *Journal of Development Economics*, Vol. 49, No. 1, 1996, pp. 93 – 120.

  Gabe, Todd M. and Abel, Jaison R., "Shared Knowledge and the Coagglomeration of Occupations", *Journal of Regional Science*, Vol. 50, No. 8, 2016, pp. 1360 – 1373.

  Ghani, S. E., "Spatial Development and Agglomeration Economies in Service – Lesson from India", *Social Science Electronic Publishing*, No. 5, 2016, pp. 23 – 34.

  Gilles Duranton and Henry G. Overman, "Exploring the Detailed Location Patterns of U. K. Manufacturing Industries Using Micro – geographic Data", *Journal of Regional Science*, Vol. 48. No. 1, 2008, pp. 213 – 243.

  Gilles Duranton and Henry G. Overman, "Testing for Localization Using Micro – geographic Data", *Review of Economic Studies*, No. 4,

2005, pp. 1077 – 1106.

Girma, R. and Wakelin, D. , "Industrial Development, Globalization and Multinational Enterprises: New Realities For Developing Countries", *Oxford Development Studies*, No. 2, 2004, pp. 331 – 339.

Goodman Bill, "Steadman Business Demand Rivals Consumer Demand in Driving Job Groth", *Monthly Lab Rev*, Vol. 125, No. 4, June 2002, pp. 3 – 16.

Greenfield, H. I. , *Manpower and the Growth of Producer Services*, New York: Columbia University Press, 1966, p. 38.

Grubel, H. G. and Walker, M. A. , *Service Industry Growth: Causes and Effects*, Canada: The Fraser Institute, 1989, p. 56.

Helsley, W. and Strange, W. C. , "Coagglomeration, Clusters, and the Scale and Composition of Cities", *Journal of Political Economy*, Vol. 122, No. 5, 2014, pp. 1064 – 1093.

Henderson, J. V. , "Efficiency of Resource Usage and City Size", *Journal of Urban Economics*, Vol. 19, No. 1, 1986, pp. 47 – 70.

Henderson, J. V. , "The Sizes and Types of Cities", *The American Economic Review*, Vol. 64, No. 4, 1974, pp. 640 – 656.

Hoover, E. M. , *An Introduction to Regional Economics*, New York: Alfred A. Knopf Inc. , 1975.

Hyun – Ju Koh and Nadine Riedel, "Assessing the Localization Pattern of German Manufacturing and Service Industries: A Distance – based Approach", *Regional Studies*, Vol. 48, No. 5, June 2010, pp. 823 – 843.

Jed Kolko, "Urbanization, Agglomeration, and Co – agglomeration of Service Industries", *Urban Studies*, No. 50, 2007, pp. 191 – 229.

Jeffery G. Williamson, "Regional Inequality and the Process of National Development: A Description of the Patterns", *Economic Development and Cultural Change*, Vol. 13, No. 4, 1965, pp. 1 – 84.

Keller, W. , "Trade and the Transmission of Technology", *Journal of Economic Growth, Vol. 7, No. 1, 2002, pp. 5 - 24.

Kolko, J., *Urbanization, Agglomeration, and Coagglomeration of Service Industries*, American: National Bureau of Economic Research, Inc, 2010, pp. 151 - 180.

Krugman, P. and Venables, A. J., "Globalization and the Inequality", *Quarterly Journal of Economics*, No. 4, 1995, pp. 857 - 880.

Krugman, P., *Geography and Trade*, Cambridge MA: MIT Press, 1991.

Krugman, P., "First Nature, Second Nature, and Metropolitan Location", *Journal of Regional Science*, Vol. 33, No. 2, 1993, pp. 129 - 144.

Krugman, P., "Increasing Returns and Economic Geography", *Journal of Political Economy*, Vol. 99, No. 3, 1991, pp. 484 - 499.

Lee, G., "The Effectiveness of International Knowledge Spillover Channels", *European Economic Review*, No. 50, 2006, pp. 2075 - 2088.

Lewis, W. A., "Economic Development with Unlimited Supplies of Labor", *Manchester School of Economic Social Studies*, Vol. 22, No. 2, 2005, pp. 139 - 191.

Lucas, R. E., "On the Mechanics of Economic Development", *Journal of Monetary Economics*, Vol. 22, No. 1, 1988, pp. 3 - 42.

Machilup, F., *The Production and Distribution of Knowledge in the United States*, American: Princeton University Press, 1962.

Marius Brülhart and Federica Sbergami, "Agglomeration and Growth: Cross - country Evidence", *Journal of Urban Economics*, Vol. 65, No. 1, 2008, pp. 48 - 63.

Marshall, A., *Elements of the Economics of Industry*, London: Macmillan, 1982.

Marshall, A., *Principles of Economics*, London: Macmillan, 1890.

Naresh R. Pandit and Gary Cook, "The Benefits of Industrial Clustering: Insights from the British Financial Services Industry at Three Locations", *Journal of Financial Services Marketing*, Vol. 7, No. 3, 2003, pp. 230 - 245.

Ottaviano, G. I. F., "Thesis on Economic Geography in Economic Theory: Increasing Return and Pecuniary Externalities", *Journal of Economic Geography*, No. 1, 2001, p. 32.

Paolo Figini and Enrico Santarelli, "Openness, Economic Reforms, and Poverty: Globalization in Developing Countries", *The Journal of Developing Areas*, Vol. 39, No. 2, 2006, pp. 129 - 152.

Paredes, D. and Iturra, V., "Market Access and Wages: A Spatially Heterogeneous Approach", *Economics Letters*, No. 116, 2012, pp. 349 - 353.

Paul R. Krugman and Raul L. Elizondo, "Trade Policy and the Third World Metropolis", *Journal of Development Economics*, Vol. 49, No. 1, 1996, pp. 137 - 150.

Perroux, F., *Regional Economics: Theory and Practice*, New York: The Free Press, 1970, pp. 93 - 104.

Qiong Huang and Satish Chand, "Spatial Spillovers of Regional Wages: Evidence from Chinese Province", *Chnia Economic Review*, Vol. 32, No. 2, 2015, pp. 97 - 109.

Rappaport, J., "A Productivity Model of City Crowdedness", *Journal of Urban Economics*, Vol. 63, No. 2, 1974, pp. 715 - 722.

Rebecca Bradley and Joshua S. Gans, "Growth in Australian Cities", *Economic Record*, Vol. 74, 1998, pp. 266 - 278.

Rizov Marian et al., "Is There a Limit to Agglomeration? Evidence from Productivity of Dutch Firms", *Regional Science and Urban Economics*, Vol. 42, No. 4, 2012, pp. 595 - 606.

Romer, P. M., "Endogenous Technological Change", *Journal of Political Economy*, Vol. 14, No. 9, 1989, pp. 71 - 102.

Rosenthal, S. and Strange, W., "The Determinants of Agglomeration", *Journal of Urban Economics*, Vol. 50, No. 2, 2005, pp. 191 – 229.

Salvador Barrios and Eric Strobl, "Industry Mobility and Geographic Concentration in the European Union", *Economics Letter*, Vol. 82, 2004, pp. 71 – 75.

Schmitz, H., "Local Upgrading in Global Chains: Recent Findings", *Druid Summer Conference*, No. 6, 2004, pp. 14 – 16.

Solow, R. M., "A Contribution to the Theory of Economic Growth", *Quarterly Journal of Economics*, Vol. 70, No. 1, 1956, pp. 65 – 94.

Stephen B. Billings and Erik B. Johnson, "Agglomeration within an Urban Area", *Journal of Urban Economics*, No. 91, 2016, pp. 13 – 25.

Tichy, G., *Clusters Less Dispensable and More Risky Than Ever*, London: Pion Linited, 1988.

Vanoort, *Urban Growth and Innovation: Spatially Bounded Externalities in the Netherlands*, London: Routledge, 2017.

Venables, A. J., "Equilibrium Location of Vertical Linked Industries", *International Economic Review*, Vol. 37, No. 2, 1996, pp. 341 – 360.

Von Thunen, *Isolated Country*, Rostock: Rostock Press, 1986.

Williamson G. Jeffrey, "Regional Inequality and the Process of National Development", *Economic Development and Cultural Change*, No. 7, 1965, pp. 3 – 45.

Yao, S. J. and Zhang, Z. Y., "On the Regional Inequality and Diverging Clubs: A Case Study of Contemporary China", *Journal of Comparative Economics*, No. 29, 2001, pp. 46 – 84.

Young and Alwy, "Gold into Base Metals: Productivity Growth in the People's Republic of China during the Reform Period", *Journal of Political Economy*, Vol. 111, No. 6, 2003, pp. 1220 – 1260.

Zachariadis M., "R&D – induced Growth in the OECD", *Review of Development Economics*, Vol. 8, No. 3, 2004, pp. 423 – 439.